【新装版】

こんな時どうする?

先輩ママのアドバイス!

「子どもの友だち」「ママ友」づきあい

困ったとき、
わたしはこうして
解決した!

子育てネット【編】

PHP

まえがき

子育てネットが活動を始めて17年（現24年）になります。これまで、私たちは何冊もの本を作ってきました。あそび場などのガイドブックだけでなく、幼稚園や小学校、それに子育ての悩みに応《こた》えるために、メンバーが知恵を出しあった本もありました。

でも、ありそうでなかった本があります。

それは、子ども同士や子育てママ同士のトラブルをめぐる本。

じつは「トラブル本を作りませんか」という出版社からの提案がなかったわけではありません。でもこれまで「やらせてください」という気持ちにならなかったのは、企画の裏側に「子育てママの人間関係はドロドロしていて相当エグそうだ。面白そうだぞ」といったニュアンスが含まれていることが理由でした。

そんなふうに見られるのって、とっても嫌ではありませんか。

それが、今回は、ＰＨＰ研究所の宇佐美あけみさんの、マジメでそして明るいご提案をいただいて、「むずかしいけれど、私たちだから作れる本があるかもしれない」という気持ちになりました。メンバーの小阪美佐子と宗像陽子が中心になって編集・執筆したこの本は、育児書のように「〜しなさい」というのではなく、現役ママの経験から発見したことや本音をたくさん載せました。そしてトラブルを客観視してカラカラ笑えて、「こんなふうにしたらいいんだ」「こんな解決方法もあるんだ」というヒントを見つけてもらえる本作りをめざしました。

子育て中の人間関係は、とても特殊です。子どもの成長に「友だち」は欠かせません。わが子が友だちをつくり、社会性を身につけていく手助けをするのは親の役割。「○○ちゃんのママは嫌いだから○○ちゃんとは遊ばせません」というわけにはいきません。一方、ママたち自身にとっても「友だち」は大切です。子育て真っ最中にでかけられる場所は限られ、使える時間はわずか……。孤独や苦労を分かちあえるのは、やはり同じ状況にある子育て仲間です。つまり子育て中は、これまで得られなかったほどの友情を育《はぐく》むチャンスでもあるのです。

だからこの本には、子どももママもいい友だちを作ろうね！ との思いをたくさんこめました。どうぞ、楽しく読んでくださいね。

子育てネット代表　高橋由美

※文中に出てくる名前は、すべて仮名であることをお断りしておきます。

CONTENTS

第2章

ママへトラブル拡大

私とは違う！

人を利用する！

言いがかり！

困ります！

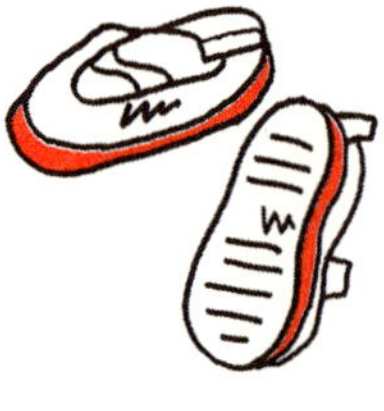

CONTENTS

CONTENTS

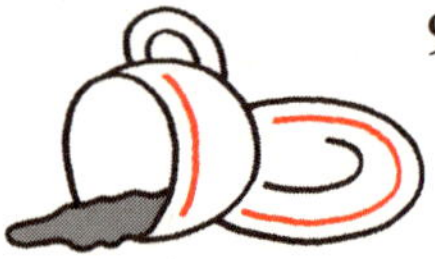

第1章

子どものトラブル発生

子どもが成長する上で、
トラブルは避けて通れないと
頭ではわかっているのに、
実際に直面すると
胸がシクシク痛むもの。
「子どものケンカ」と
割り切れないことが続出！
さあ、どうすればいいの？

やられた！

泣かされた

娘も3歳になり、いろいろな場面でお友だちと衝突をするようになってきた。うちはおとなしいので、もっぱらやられるほう。たとえば、おもちゃを取り合って負けて泣く、押されてしりもちをついて泣く、ブランコの順番の先を越されて泣く。

親としては、「あ～、また割り込まれちゃった」「あ～、また取られた」「泣かされちゃった」と見ていて歯がゆい。どこまで親は口を出していいのだろう、と悩むことも多かった。娘は泣いても公園に行きたがるけど、私の気持ちがおさまらない。

強い子の親が、子どもの様子を見ていて、ひどい状況を回避してくれる場合はいいのだけれど、強い子の親に限って「子どものケンカに口を出すなんて」という考えの人が多いように感じる。ちょっとひどいんじゃないの？　と感じることもしばしばだ。

ケンカをしながら、子どもは学んでいくという。でも、いつも

いつもやられっぱなしの子は、どうなの？　つい私は相手の子にも「ほら、そんなことをしたら、相手は痛いでしょう？」とか「順番を守ろうね」とか「貸してって言ってから遊んでね」などと言ってしまうのだが、それは余計なことなのだろうか？

子どもの成長を妨げることなのだろうか？

こうして解決

見ているだけだと、私自身が楽しくないので、子どもの中に入って、他の子どもたちと遊んでみた。ブランコの順番を守って乗り、お友だちのおもちゃを借りるときは「貸してね」と言い、泥団子を作りながら「投げちゃダメよ」と言う。乱暴なことにはもちろん注意した。大人抜きでの経験をするのは、幼稚園に入ればたっぷりできるんだから、と割り切った。そのうち、あれほどうちの子を泣かした憎たらしい子たちが、なんだかかわいいと思えてきた。

先輩ママの42のキッパリ戒め

子どもだけの中なら口出しOK。一緒に遊べばみんなかわいい

やられた!

かまれた

週に1度の育児サークルに行き始めたのは、マミが3歳になってからだった。公園でなかなか気の合うママとも出会えず、毎日マミとふたりきりなので刺激が欲しかったから。ところが、行き始めてまもなく、娘は同い年のユウ君に、よく手をかまれるようになった。当然娘は大泣きするので、まわりの人からもなにごとかと見られる。

マミの手に歯形がついているのを見たときは、気が動転した。でも冷静にならねばと、やりとりをジッと観察していると、特にきっかけもないのに、突然かまれる。それもかんだ痕《あと》が赤くクッキリつくくらいの力で。うちの子が悪いことをしているようにも見えない。

ママはいい人なのに、息子はかむ

腹も立つし、他にも子どもはたくさんいるのに、なんでうちの子だけをかむの？

ユウ君のママはいつも真っ青になって「マミちゃんに謝りなさい」と叱《しか》ったり、私に必死に謝ってくれたり、ぬらしたハンカチをあててくれたりする。でもかみ癖はなかなか治らない。ユウ君はどちらかと言えばおとなしいタイプなのに、スッと近づいてガブッ。

陰湿ないじめとはわけが違うし、ママもこちらが恐縮しちゃうくらい悪がってくれる。だから余計に厄介。ユウ君と会わないようにすればいいのかもしれないけれど、そうするとせっかく友だちになったユウ君のママとも疎遠になっちゃうし、どうしたらいいのか迷ってしまった。

なるほど納得

毎回かまれるのに、なぜ行っていたかというと、私がユウ君のママとのおしゃべりがしたかったからだと思う。そうでなければ行くのをやめていた。私は、自分から誰《だれ》にでも話しかけられるタイプではなかったので、彼女が話しかけてくれてうれしかったのだ。ユウ君のママとメールで相談しあい、1カ月間子どもたちを会わせないようにした。1カ月後遊んでみたら、かまれなかった。子どもって、定期的なこと（目の前に手がある）＝習性（かみたい）になることもあるのだとわかった。

先輩ママの42の戒《キッパリ》め

会えばやられる。なら会わない方法を考える

やられた！

意地悪された

わが家が住んでいたアパートには、目の前に公園があり、午前中は小さい子たちがよく遊ぶ。そこにとんでもない子がいた。その子はとにかく意地悪。人のものは「貸して」とも言わずに使う。誰《だれ》かが自分のものを使っていれば、遠くから飛んできて「ぼくの！」と言って取り上げ、突き飛ばす。それで遊ぶのかと思えば、その場にほうり投げて、さっきまで遊んでいたところへ帰っていく。

あるとき、その子はすべり台の上からすべろうとしていた息子のパーカーのフードをむんずとつかみ、離さなかった。

事件発生！　首を絞められる

すべろうとした息子はフードで引っ張られ、首が絞められてしまった。あわててすべり台の上にのぼり、ふたりを引き離して、事なきを得た。

大事に至るかもしれなかったその事件に関しても、その子のママは、まったく子どもを叱《しか》らない。パパがとても厳しく叱るので、かわいそうで自分まで叱れないというのだ。

冗談じゃないわよ！　命にかかわるようなことがあっても、平気でいるなんて信じられない。「叱らないママ」と「虐待に近いパパ」に、ママたちはみなキレたり、「ママは、友だちもできなくてさびしくないのかな？」なんて、妙に心配したり。でも、とりあえずどうする？　ママはのれんに腕押しだし、本人を叱ってコワいパパが登場してもイヤだし……。

こうして解決

幼稚園のトラブルなら先生に言えばいいけど、未就園児の場合、言える人がいない！　とにかく、その子がいるときには公園に行かない。近くて便利な公園だったけど、避けるしか方法がない。他にも被害者はたくさんいたので「いる？」「いる、いる」と、メールで連絡を取り合い、遠くの公園まで行っていた。その子が、幼稚園に行くようになって公園に平和が。うちが幼稚園に入るときは、もちろんその子がいる幼稚園は避けた。フード付きパーカーも、怖くてそれ以来買っていない。

先輩ママの　キッパリ　42の戒め

未就園児トラブルに仲裁役なし。逃げるが一番

だまされた

息子が年中のときのこと。友だちの中でキャラクターカードを集めるのがはやっていた。息子は長男で、テレビでそのアニメを見始めたばかり。どんなキャラクターがいて、どのカードが値打ちがあるかもわからないけれど、スターターセットのようなものを買って、喜んでいた。

さっそく、幼稚園の友だちマサオ君とその小学生のお兄ちゃんとキャラクターカードの交換をしたときのこと。

「このレアカード欲しい？　じゃ、それと換えてやるよ」

何もわからない息子は、マサオ君とお兄ちゃんにいいカードばかりを取られ、もらうのは、一見いいカードには見えるが、勝負には使えないカスのようなカードばかりだったのだ。

なんだかイカサマ師にだまされているボンボンみたい。

それを見ていたマサオ君のママが「それはずるいよ、ダメでし

ょ！」と言ってくれたのでわかったが、一事が万事その調子。年上のきょうだいがいる友だちは、何かと息子よりもしっかりしており、息子がいいように利用されている気がする。それを知ったときは、なんて卑怯《ひきょう》なのだと思い、夫に話したら「おれも昔、それで親に叱《しか》られたよ」と言われ、力が抜けた。

なるほど納得

親から見ていると要領が悪く、か弱いイメージであった長男。はじめのうちは、マサオ君のような子はちょっとイヤだな～と思ったりもした。でも息子は、アッという間にカードに関するすべてを把握。2度とだまされるようなヘマはしなかった。もちろん友だちやそのお兄ちゃん、お姉ちゃんから教えてもらういいことはたくさんある。そして、いやなことも含めていろいろな経験をすることが、子どもにとってプラスになると知った。卒園するころには、とってもたくましくなった息子だった。

先輩ママの42のキッパリ戒め

だまされるのも経験。それが子どもを強くする

おやつを独り占め

お友だちが遊びに来る。それはそれでいいのだが、おやつのことでちょっぴり頭が痛い。中でもショウ君のおやつの食べ方はハンパじゃない。まず、来るとすぐに「ねえ～、おやつは～？」と催促。おやつと麦茶を出すと、「え～？　ジュースじゃないの？」いったんおやつを出せば、テーブルの前に陣取り食べ続ける。

おやつより遊びに夢中の子は、遊びつかれたころ、おやつを食べに来る。すると、大皿のおやつはほとんど食べつくされている。「あれ～、おやつがないよ～」という声で、再び大皿にザザザ～ッとおやつ第2弾を投入。するとパッと手が出るのはやっぱりショウ君。

出しても出しても食べ続ける

そこに、ユウコちゃんが来て「私の持ってきたお菓子は～？」「あ、ごめん。もうなくなっちゃったから、こっちで我慢してね」。するとユウコちゃん、「え～？　あれが食べたかったのに～」と半泣き。しまった。自分が持ってきたお菓子に執着のある子もいることを忘れていた。ショウ君、少しは取っておいてよ。

それならば、と個別のお皿にひとり分ずつ入れることにした。が、少食の子とショウ君とでは、食べ方に差があり、一方では残り物となり、ショウ君には「もっと～」と言われる。おまけにショウ君は、ずっとテーブルの前に陣取っているので、必然的に話し相手は、この私。毎回毎回、どうすりゃいいの～。

こうして解決

特別のお菓子があるときは、ひとり分ずつビニール袋に入れて名前を書く。少食の子は持ち帰ればいいし、遊んでから食べたい子は好きなときに食べられる。その他大皿に、ポップコーンなどかさばるものと、食べるのに時間がかかる棒付きキャンディーなどを置く。ショウ君には、ひとりだけでいるときを見計らい、「あんたは食いしん坊だからね～。特別よ」と、残りご飯で特大のおにぎりを作ってあげて、満足感を味わわせ、おやつが終わったら、早めに外遊びに出すようにした。

先輩ママの42のキッパリ戒め

食いしん坊にはおにぎりを。おやつはお菓子だけじゃない

やられた!

言葉いじめ

次女ミズキ3歳。仲のよいアキちゃんに「エミちゃんはかわいいけれど、ミズキちゃんはかわいくないね」と言われた。確かにエミちゃんは、雑誌の表紙を飾ったこともあるかわいい子。それに比べると、ミズキはかわいいとは言えないかもしれない。

本人はだまってしまうし、私はグサッときた。3歳くらいでも、かわいい、かわいくない、かっこいい、かっこわるい、という評価をされて、それに親子で振り回されるなんて。

アキちゃんのママは、「子どもの言うことだから気にしないでね」と言う。しかし、アキちゃんは他にも「ミズキちゃんは、つまんないから、仲間に入れな～い」「ミズキちゃんって、グズなんだから～」「ミズキちゃん、こんなことも知らないの～?」と、鋭い言葉をビシビシと言う。

口が立つ女の子は確かにいる。その発言が相手にどう思わせる

か、子ども心にもわかっているのだろう。
暴力を振るうわけでもない。物を取り上げるわけでもない。ミズキが嫌がって大泣きするわけでもない。くっついて遊んでいたから、今まで大きなトラブルにもならなかった。でもこんなことを言われて、子どもより私のほうが堪忍袋の緒が切れそうだ。

こうして解決

ある日、ミズキが弟に向かって「グズなんだから！」と言った。あ、そうか。自分が言われたことをそのまま言っている。ミズキに「あなたは『グズ』って言われるとどんな気持ちがするの？」と聞くと「イヤな気持ち」と言う。そこで「そうよ。叩《たた》かれると血が出るでしょ。イヤなことを言われると、目には見えないけれど大事な心から血が出ちゃうのよ」と言った。何日かたって「アキちゃんにも『心から血が出ちゃうよ』って言ったら、『もう言わない』って」だって！　よかった。

先輩ママの42の戒め《キッパリ》

言葉は暴力以上に傷つける。小さいときから教えたい

仲間はずれ

3歳を過ぎると、仲間はずれが始まる。おままごとをしているお友だちのところに行って「入れて～」と言っても「だめ～」と言われ、娘のカナが泣く。それが何回も重なってくると、見ていても痛々しい。公園でそんなことがあると、他にもマイペースで遊んでいる子を探して、「ケンちゃんと遊べば？」とか「すべり台に行こうか」と、他に行くように話して、だいたい解決した。けれども、幼稚園に入ると子どもの様子が見えないからやっかいだ。カナは、しばらく元気に通っていたが、だんだん様子がおかしくなってきた。園にお迎えに行っても、誰《だれ》とも約束をせず、まっすぐ帰ってくることが多くなったのだ。

カナちゃんと遊ぶなら、あなたとも遊ばない

「幼稚園で何をしたの？」と聞いても、「金魚を見てた」とか「お絵かきした」ばかりでお友だちの話が出てこない。よくよく話を聞いてみると、仲間はずれにされているらしい。しかも中心になって仲間はずれにするのは、エリちゃんだという。エリちゃんといえば、幼稚園に入る前からのお友だちなのに。

「エリちゃんが仲間に入れてくれないなら、他のお友だちと遊べば？」と言うと、「カナちゃんと遊ぶなら、あなたとも遊ばない」と他の子にも言うそうで、「今日はひとりで遊んでいたの」と言われて胃がキリキリ……。カナに、何か原因があるかもしれないと思うと、エリちゃんのママにもうまく言えない。先生にも相談したが、すっきり解決しない。

こうして解決

時々園に行く用事を作り、じっくり観察した。エリちゃんは、自分がひとりになりたくないために、回りを固めたがるタイプのようだった。カナが何をしたというわけでもなく、入園前からの知り合いで、あたりやすかったらしい。ある日、カナがあからさまに無視をされた現場に遭遇。私はエリちゃんの目の高さまで腰を下ろし、「そんなにカナが嫌いなの？　悪いところがあるなら教えてね」と言った。エリちゃんはビックリして逃げてしまった。でも、それ以来、極端な仲間はずれはなくなった。

先輩ママの42のキッパリ戒め

効き目あり！いじめる本人に直接話す

やられた!

嫌いな子に好かれた

わが家のクミが年中のときのこと。クミは、わりと誰《だれ》とでも仲良くできる人気者。けれども、悩みの種は、ミサちゃん。ミサちゃんは、クミのことが好きらしい。けれども、自分の思い通りにならないとすぐに手が出るミサちゃんを、クミは怖いという。

登園するとすぐに「遊ぼう」と誘われる。しかし遊んでいても、意に沿わないことがあると叩《たた》かれる。「今は他の子と遊ぶから、ゴメンね」と言ったときには、おなかにパンチが入ったという。

そのたびに娘は泣いて、先生に訴える。先生はすぐに対応してくれるけれど、そのときだけ「ごめんなさ～い」といい子になるのだとか。その一方で、「今日も遊ばないと、叩《たた》くよ」と言われ続けた。

先生のほうから、ミサちゃんのママにも言ってもらったが、「ごめんなさ～い。うちの子、強くって！」とケロリとしたもの。

私の本音は、クミの遊びたい子と楽しく遊んでほしい。けれども仲のよい子ばかりでなく、いろいろな子と付き合ってほしいと思うのも事実。ミサちゃんも、うまく言葉が伝えられなくて手が出てしまうのだろう。でも毎日泣かされている子がいることを、ミサちゃんのママはどう思っているのだろうと、腹立たしくなってくる。

やっと解決

毎晩わが家では想定問答の練習。「また叩かれたら、どうしよう」「叩かないミサちゃんが好きなのって言ってみたら」「どうしたら、他のお友だちと遊べるかな」「みんなで遊ぼうって言ってみたら」。そんな夜が延々と続くこと半年。だんだんミサちゃんは落ち着いた。私も辛《つら》かったが、こうした人間関係の荒波を、幼少時代から避けたり、親が回避させず、経験が心の成長につながるはずだと信じてがんばった。相手の親って、こちらが思うほど重要に思ってくれないものなのよね。

先輩ママの42の戒《キッパリ》め

試練に立ち向かう子は偉い！親はうしろでエールを送ろう

いばる

次女ヒロコ4歳。いばりんぼ。昨日も公園で、縄跳びで遊んでいたときに、縄を上手に結べたと言っては、仲良しのサクラちゃんには「そんなこともできないの〜？」サクラちゃんの目の前で、結んだ縄をブ〜ラブ〜ラさせては、「こんなのカンタ〜ン」と、しつこくいばり続ける。見るからにイヤな性格！

あ〜、またか、どうしてかなあ。なぜそういうことをしてしまうのか。ウンザリした顔でつい、ヒロコを見てしまう。私はけっしてそういうタイプの子どもじゃなかったし、パパもおとなしいのになあ。

言い方がきつくて、嫌われる

帰り道、「どうして、あんな言い方をするの。みんなイヤな気持ちになっちゃうじゃない」とクドクド説教。私の言い方が悪いから、ヒロコも言い方がきつくなるのかと落ち込む。

ヒロコは、そのためか、だんだんお友だちが去っていった。幼稚園の先生に聞くと、「言い方がきついから『こわい』って言われています」とのこと。さらに落ち込む。

幼稚園の帰り、ヒロコがお友だちを誘っても、たいてい断られてしまい、泣く。そんなヒロコとふたりでトボトボと帰るのは、とてもみじめだった。
年長になって、やっとミユウちゃんという友だちができたのだが、今度は仲がよすぎて毎日ケンカ。仲良く遊ぶ約束をして、いっしょに帰るほかの子どもたちがうらやましい！

やっと解決

おもしろいことに、ミユウちゃんは、ヒロコと同じタイプだった。園では、1日に何度もぶつかり合っていたらしい。いばられたり、ケンカに負けて泣いているヒロコに「自分がされてイヤなことは、友だちにもしてはいけない」と毎日言い続けた。私もふだんの言い方を、「〜だからだめなんじゃない！」「こんなこともできないの？」から、「〜しないほうがいいと思う」「これ、できたらすごいね」と変えていったところ、ヒロコも変わってきて、トラブルも減っていった。

先輩ママの42のキッパリ戒め

いばる子の影に、怒るママあり。「しなさい」を「しようね」に変えよう

約束を破った

うちのリョウは、社交的で、誰《だれ》とでも仲のいいタイプ。それはそれでいいのだけれど、お調子がいいということにもなりがち。

ある日のこと。幼稚園のあと、うちでお友だち3、4人と遊んでいた。そこに電話が来た。アッシ君のママだ。なんだか思いつめている感じ。

「あの～、リョウ君、どうしたのかしら？」

「え？　リョウなら、うちでお友だちと遊んでいるけれど」

「え？　そうなんだ……」アッシ君のママは黙ってしまった。

約束をしまくり、忘れてしまう

どうしたのかと思って聞いてみると、アッシ君は、今日リョウと遊ぶ約束をしたという。

「あら～、ごめんなさいね。じゃあ、今からうちに来ない？」

と言ってみたが、

「リョウ君とふたりで遊ぶって言っていたんだけど」と言って、電話は切れた。

夜になって、リョウに聞いてみた。

「え～？　あ、そうだったかなあ。約束したかなあ。忘れちゃった」

「いやねえ、いろいろな子と調子よく約束して、忘れちゃダメじゃない」

翌日から、どうもアッシ君のママが冷たいような気がするが、まあしょうがないか。

こうして解決

あるときアツシ君のママが「アツシが約束を忘れられて、とても傷ついたことがある」と言っていたと聞いて、ハッとした。私は、約束を破った息子のことを「誰もが遊びたがるわが息子」というイメージしか抱かず、忘れられてションボリしていた友だちのことまで思いやっていなかったのではないか？　アツシ君はうちの子と遊ぶのを、とても楽しみにしていたはずなのに。思い切って、アツシ君のママに謝りのメールを入れ、ふたりで遊ぶ約束を果たした。約束破ってゴメン！

先輩ママの42のキッパリ戒め

わが子より、繊細な子はいる！親は感性のアンテナを磨け

やっちゃった!

ウソをついた

息子が小学1年生のとき。お友だち3人と、タクヤ君の上履きを隠したことがあった。タクヤ君の親から電話が来たときは、まさかと思った。元気はよいが、正義感が強い息子なのだ。タクヤ君が何か最初にしかけたのではないか。やったとしても1度だけ、うっかりやってしまったのだろう。何かのっぴきならない事情があったのではないか。いや、それよりも、どうしてうちの息子と断言できるのか。違う子がやったことではないのか。

電話を置いて、息子に聞いてみる。「タクヤ君の上履き隠した?」「え〜、ボクやってないよ〜」そっぽを向きながら言う。ん? なんか変だ。

のらりくらりとウソを言う

「タクヤ君のママから電話があったんだけど」と言うと、「ボクはやってないけど、コウタはやったかも〜」。なんだ、そのあやふやな言い方は。

「じゃあ、知っていたの? どうしてコウタ君はやったの?」「タクヤが最初に、蹴《け》ったからかな〜」。相変わらず、視線はキョロキョロ。

「じゃあ、やったのはコウタ君で、あなたは全然やってないのね！　はっきりわからないなら、コウタ君とコウタ君のママと、タクヤ君とタクヤ君のママのところに今から行って、今のいいわけを全部聞いてもらおうか！」と声を荒げた。

すると、息子は、「それはだめ～」と言って泣き出し、自分もやったことを白状した。

やっと判明

たとえ、たわいのないいたずらであったとしても、みんなでよってたかって、ということ。さらに、そのことをごまかすだけではなく、お友だちだけに罪をなすりつけようとした息子に対し、猛烈に腹が立ち、首根っこを引っつかんで相手の家に謝りに行った。相手のママは、すぐ謝ってくれてよかったと言ってくれた。それにしても、うちの息子がこんな卑劣なやつだなんて、信じられない～、と嘆いていたら、夫が言った。「子どもってさ、そういうもんだよ。だまされるなよ～」。そうなのか！

先輩ママの42の戒《キッパリ》め

子どものウソを見逃さない。目が泳いだら要注意！

やっちゃった!

ゲームソフトをとった

うちのマコトはおとなしい。他の友だちとトラブルを起こしたこともないし、素直で言うこともきくので、育てやすかった。

年長になったある日のこと。ケイ君のママから電話があった。「お宅に、うちの○○のゲームソフトないかしら」と言う。部屋を探すと、確かにあった。「借りていたのかしら。ごめんなさいね」と言うと、「うちの子、貸した覚えはないと言っているんだけど」とケイ君のママが言うではないか。しばらく事情が飲み込めなかった。それって、勝手に持ってきちゃったってこと？

その後、クラスの子の何人かの家から、時々息子は勝手にソフトを持ち出していたことが判明。知らぬはうちだけで、すでにクラスではウワサになっているらしい。

息子に聞くとあっさり白状した。盗み=犯罪者である息子！犯罪者の母である私！

「それは盗みなのよ！　してはいけないことなの！」と言って息子のお尻《しり》をたたきながら、私は号泣してしまった。家中のソフトを探し出し、みんなの家を回り、謝った。盗みグセがあるなんて、この子はもう立ち直れないのだろうかと思った。
明日からママたちの輪にも加われないと思うと、また涙が出た。

こうして解決

幼稚園の先生に相談すると、「これくらいの歳《とし》で盗みをするときは、精神が不安定な場合もあるそうですよ。マコト君、最近何かすごくガマンしていないですか？」と言われた。そういえば、夫は忙しく、私は3歳の娘と2カ月の赤ん坊の世話でせいいっぱい。おとなしいマコトのことをちっとも見ていなかったかも。ママたちは敵になるかと思いきや、話を聞くと、下の子の面倒をみてくれ、私がマコトと向き合う時間を作ってくれた。おかげで二度とマコトは、ものをとることはなかった。

先輩ママの42のキッパリ戒め

手のかからない子にも、目はかけよう

やっちゃった！

いじめた（女の子の場合）

長女のアスカは小学1年生。明るくて積極的なキャラ。クラスではムードメーカー的な存在のようだ。でも時々、自己中心的でワガママなところがあるのが気になる。

ある土曜日、娘が友だちを3人連れてきた。最初は、4人で家の中で仲良く遊んでいたが、そのうち連れ立って近くの公園へ出て行った。しばらくすると、アヤちゃんが戻ってきて、「リナちゃんが泣いているよ」と言う。あわてて探しに行ったけれど、公園にリナちゃんの姿はなかった。娘に聞くと、「帰ったんじゃない？」とあっさりとした返事をする。

公園にお友だちを置き去りにした娘

おかしいなと思っていると、リナちゃんがママと連れ立って訪ねてきた。リナちゃんは、公園で娘に「待ってて」と言われ、待ったが誰《だれ》も戻って来ず、不安になって泣きながら家に帰ったという。

「リナちゃんのこと、公園でひとりにさせたんだって？　ごめんねって言える？」と聞く。ところが娘は他の子としゃべっていて、私のほうはチラと見たきり、知らんぷり。リナちゃんは、せっかく遊びに来たのに、ひとりぼっちになってどんなに悲しかっただろう。
私の中で、何かがプチンと切れ、みんなの前で娘のお尻《しり》をたたいてしまった。泣きわめく娘。悲しそうなリナちゃん。驚くリナちゃんのママ。だって、自分の子が意地悪するなんて、許せない。こういう面を見るたびに、娘がかわいく思えなくなる。

こうして解決

意地悪なわが子を見ると逆上してしまう。そんなとき、子どもは自分をすべて否定されたように感じていたのかもしれない。私は、子どものことを純真無垢《むく》だと思っていたので、すごくショックだったのだ。だんだん、子どもだってウソつきで、意地悪で、ずるい面をもつのだと悟ってきた。するとそのことだけをピシリと叱《しか》れるようになった。リナちゃんには「アスカのいけないところを少しずつ直すからね。ちょっと待っててね」と伝えた。親子でじっくり向き合おうと思えるようになった。

先輩ママの42のキッパリ戒め

わが子のイヤな面を見て、逆上しても解決はない

やっちゃった!

いじめた（男の子の場合）

まさに寝耳に水とはこのことだった。小学3年生の次男コウヘイと、友だちのユウト君とリョウタ君が、タカシ君をいじめていたと言う。先生からの電話によれば、教室内でタカシ君が3人に囲まれて、プロレスワザで首を絞められて、真っ赤な顔をしているところに遭遇したという。あわてて「共犯」であるユウト君、リョウタ君のママに電話をする。

「うち、しょっちゅう兄弟でプロレスしているから、全然罪悪感ないと思うの」。声をひそめるのはユウトママ。ユウト君は、男ばかりの3人兄弟。リョウタママも「どうなんだろう？　おとなしいのよね、タカシ君って。ふざけているだけだと思うけど」。

コウヘイにも聞いてみた。「オレだってワザをかけられるよ。でもまいったって言えばいいじゃん」と言う。では、遊びの範疇《はんちゅう》？

次の日、ユウトママ、リョウタママ、私の3人が先生に呼び出

されて詳細に話を聞いた。プロレスのワザをかけ合って、どこまでガマンできるかという遊びがだんだんエスカレートしたらしい。「まいった」と言わないタカシ君は、首が絞まって真っ赤になるまでやられるということが1学期中続いていたという。それって、完全にいじめじゃないか!?

こうして解決

今ひとつ、いじめの自覚のない息子に、いじめられた経験のある長男が、「仲良し同士でプロレスやるのと、嫌いで強い相手にワザをかけられるのでは痛さが違うんだよ！」とピシリ。そして、いじめた子と親全員で、タカシ君の家に謝りに行った。「あんたたち、どういうしつけしていたんですかっ！」と怒るタカシ君のパパに頭を下げ続ける自分の親に相当ビックリしたようだ。以来、タカシ君に対するいじめはなくなった。「1対大勢はいけない」ことを教えるチャンスにもなった。

先輩ママの42の戒め《キッパリ》

加害者のアンテナは超ニブイ。しでかしたら即謝罪

友だちがいない!

ママにベッタリ

娘のミサキは3歳だけれど、私にベッタリ。公園で、私が他のママと話していると、間に入ってきて邪魔をしたり、キ〜ッと泣いたりするので、他のママたちは、私に話しかけなくなってきた。ハイハイや歩き始めの頃は、他のママたちも、自分の子どもについて移動していたので、雑談に夢中になるような状況ではなかった。でも、だんだん子どもが大きくなり、公園内を自由に楽しむようになってくると、ママ同士の立ち話が増えてくるのだ。

私だって本当は、ママたちと山ほど話したいのに……。

「どうして、子どもって遊びながら食べるのかしらね、昨日なんて、うちの子ったら……」「あら、うちの子だって……」

そんな話をして、気を晴らしたいのに、それができない。ミサキに邪魔をされて、電話もできない。新聞も読めない。だからこそ公園で友だちがほしいのに。たまに、こちらから話しか

けても、すでにそのメンバーは、確固たるものになっていて、他に遊びに行ったときの話題でもりあがっていたりするから、話しかけづらい。孤独を感じなくてもすむように、他のママたちが来ない朝早い時間に公園に行ったりもした。でも、それで孤独が癒《いや》されるはずもない。

こうして解決

思い切って、違う公園に通うようにしてみた。アスレチック充実の今までの公園とは違い、新しい公園は木々の多い落ち着いた雰囲気。するとミサキは、あまり私にベタベタしなくなった。新しい公園の雰囲気が気に入って、お友だちとの遊びに、一歩踏み出せたのかもしれないし、単に私から離れたかった時期にちょうどあたったのかもしれない。はっきりしたことはよくわからないが、環境を変えてみたのは、よかったみたい。私も新しいママ友ができて、救われたのだ。

先輩ママの42の戒《キッパリ》め

行き詰まったら環境を変える。まとわりつくのも一時のこと

友だちがいない！

決まった子としか遊べない

ハルカ3歳。家で遊ぶのが好きなわが娘。でも毎日公園に連れて行く。ユカちゃんとだったら遊べるし、家の中にずっといると、私のほうが気が滅《め》入《い》ってしまうから。

「おはよ～」「おはよ～」公園では、ミドリちゃんのママやケンタ君のママが声をかけてくれた。子どもたちは走り回っている。ところがユカちゃんがいない。ユカちゃんのママは、時々実家の手伝いをしにいくので公園に来ないことがある。

「ハルカちゃ～ん。遊ぼ～」ミドリちゃんたちが、来てくれた。ところがハルカはスッと私の背中に隠れてしまう。みんなは「いいや、もう行こうっと」と言って、走って行ってしまった。

ミドリちゃんたちが嫌いなわけではない。それなのになぜ遊べないの？　ユカちゃんがいないと誰《だれ》とも遊べないじゃないの。いつもユカちゃんがいるわけじゃないのよ。

これではいけないと、児童館の活動にも参加。児童館では週に1度、「水遊び」などテーマを決めて活動するのだが、遊びに慣れる前に時間が終わってしまい、ついに新しい友だちはひとりもできなかった。いろいろ連れて行っているのに、報われないような、むなしい思いばかりが募る。

こうして解決

パッとのれないハルカだが、公園の帰りに少しずつお友だちを呼んで長い間遊ぶと、だんだん好調になるということがわかり、徐々に友だちと遊べるようになった。こういう性格なので、幼稚園も慎重に選んだ。次から次へといろいろ楽しむプログラムが充実していたり、鼓笛隊の練習が厳しい幼稚園は避け、ぼ〜っとする時間があり、好きなことを見つけて遊べる、自然がたっぷりののんびり幼稚園にしたところ大正解。ユカちゃんはもういないが、気の合う友だちもしっかりできた。

先輩ママの42の戒め《キッパリ》

ひとり友だちがいれば大丈夫。ゆっくり、少しずつでいいよ

誰とも遊ばない

「おとなしくて、いいわねえ」

これがよく言われたうちのアミに対する言葉。確かにおとなしい。本が好きで、本ばっかり読んでいる。幼稚園に入るころには、教えたわけでもないのに字も書け、年中のときにはお話まで書いて親を仰天させた。「末は小説家か！」と。

その一方で、人見知りが激しく、なかなかお友だちを作ることができない。幼稚園に入って、お迎えの時間にそおっと覗《のぞ》くと、いつもアミは、いつものポーズで、まるで家にいるように本を読んでいた。

お友だちを呼んでも一緒に遊ばない

家にお友だちを呼んでも、お友だちとは全然関係ないことをひとりでやっている。お友だちの家に遊びに行けば、その家のママに「ずっと本を読んでいたのよ」なんて言われる。

当然、他の子とコミュニケーション術を学んでいないから、ぶつかられたり、ちょっとしたことを言われただけで、世界の終わりのようなショックを受けてしまう。

「今日、幼稚園でね、ノリちゃんがドンってぶつかったの」「今日、幼稚園でね、ユウジくんがバカって言ったの」。毎晩毎晩、夜寝るときに布団の中でサメザメと泣くアミ。「あ～、悲しかったね～」。大したことじゃないのにそんなに泣くな！　と言いたい気持ちを抑えて、優しく接してあげられるのも限度あり。こんなことで社会に出てやっていけるの？

その後の様子

アミは、現在小学3年生。この気質は相変わらずで、人付き合いでは七転び八起き。しなくてもいい苦労を人の3倍はしている。

けれどもそのおかげで、人の心の痛みには敏感だ。お友だちの悩みの相談にのってあげられる心の優しい子に育った。それなりに社会に出てもやっていけそうな予感。ただし、本好きは漫画好きに移行し、近ごろちっとも本を読まないし、どうやら小説家にはなれそうもない。

先輩ママの42の戒め《キッパリ》

子どもは急には変われない。でもそれなりにやっていく

子育てネットの総力アンケート

こんな子いる？いるいる

わ！ヘンな子、と思っても、
付き合ううちに
かわいくなってきたり、
ぐ〜んと成長を見せたりするもの。
笑って見守ってあげたい
子もいるけど、
やっぱりワケのワカラン子も……。
私たちのまわりの
ヘンな子たち大集合！

自分のものは自分のもの・人のものも自分のもの

●自分のママが大好きで、他人がママと話すだけで焼きもちを焼き、「ボクのママを見るなー！」と突き飛ばす子。独占欲が強いらしく、遊びに行っても、おもちゃも、キャラメルの古いおまけさえもさわらせてもらえない。

●園の遠足のとき、隣の子のキャラクターのおまけ付きのお菓子を横からサッと手を出して開けてしまい、本人より先におまけで遊んでしまう子。

●いつも外で遊んでいるT君。勝手に友だちの家に上がりこんで、飲んだり食べたりしていた。それは空き巣だろうが！

●いつも無言でウチの子のものを取っていく子。無言でスッと……。なんだか不気味。

走りたい・走りたくない

●どんな時でもじっとしていられず、走り回り、他人の家も許可なく勝手に上がり、親の注意も全く聞かない子。

●抱っこをすると身体をよじっておりたがり、手をつなごうともせず、ひとりで先に突っ走っていってしまう3歳の男の子。本当にママも大変だろうと思う。

●長女（小1）の同級生の、超マイペースなC子ちゃん。長女はいつもC子ちゃんの帰り支度を待っているが、それが30分はかかり、学校を出るときにはもう他の友だちは誰《だれ》もいないらしい。歩くのも遅いC子ちゃんと一緒に帰ると、予定時間より1時間は遅い。

見習いたい！？

●近所に住むお受験勉強中のHちゃん。向こうから笑顔で「こんにちは」。別れるときは「ごきげんよう」。マンションのドアは自分から開けて、「どうぞ」と通してくれる。「おりこうね～」とほめると、「ありがとうございます」と60度のお辞儀。長女が食べていたお菓子をあげようすると、「せっかくですが、けっこうです」。
うちの娘たちと同じ子どもとは思えない……。

トークしまくり

●なぜかすべて報告してくれる子。兄弟の成績から、親のけんかの内容、ママの趣味に至るまで。聞いた手前困ってしまう。先日は、「うちのママは今頃せんべいからクッキーにかわってるところだな！　だってボクが家を出る頃、コタツの中で殺人事件のテレビ見て、せんべい食べてたもん。横にクッキー置いてあったから、あれもきっと食べちゃってるよ！」……リアルすぎて笑えない!!

●告げロマン子どもバージョン!!みたいなめんどくさい子。「ねえ、おばちゃ～ん！　Uちゃんが紙くれないから怒って～」「S君が叩《たた》いたから怒って～」「Kちゃんがくれない～」……。自分で解決してくれ～。嫌なら遊ぶな！

演技派

●自分の親の前だと態度の違うイイ子。外で遊んでいるときは言葉遣いが悪いのに、電話だと気持ちが悪いほど丁寧。いつも大人の言うことをきかない子なのに、親がいると、とてもいい子でビックリ！

●お昼の時間なので、さよならをして家に入ると、「もっと遊びたい～」と家の前で約30分は泣かれる。耐えられなくて、「うちで一緒にご飯をどうぞ」と誘ったら、それから毎日入り浸り状態に！

●Mちゃんはママの前では、「ママ～、ママ～」と甘えているが、子ども部屋で娘とふたりになると、娘にかみついたり、顔は笑顔なのに娘の足に爪《つめ》を立てて、痕《あと》がつくほど力を入れてつねったりしていた。私がこっそり覗《のぞ》きに行ったら、娘の足をひもで結んで、おもちゃの剣で頭を切りつけ、たたいていた。「何しているの!?」と聞くと、「Rちゃんがやって～って言った」だって。娘は半泣きしていたゾ。

食べたい・食べたくない

●お菓子をあっという間にたいらげる子！

●家に遊びに来て、「もっとおやつないの？」とねだる。「今日はもうおしまいね」というと、冷蔵庫や棚を勝手に開けて探し始め、あげくの果てに牛乳をパックのままがぶ飲み。さすがにママが飛んできて激怒。この子の家ではパパがやっているとのことでママが平身低頭。納得したけどビックリ。

●娘のクラスで、何人か、鼻くそを食べてしまう子がいる。女の子も多いらしい。全国的に結構いるのだろうか？

●同じマンションだった4歳の男の子。マンションの廊下で肉まんを食べていたが、一口食べて「いらない」と言って、そのまま廊下にポイ。親は知らんぷり。

●遊ぶときにお小遣いをいっぱいもってきて買い食いをする子。よその子にもおごるから、みんなヘコヘコついていく。

将来は刑事さん？

●ピンポ〜ンとやって来て、「遊べない」と言っても、まるでテレビドラマのようにドアから半身を入れて上がろうとする子。

●初めてうちに遊びに来た男の子。家中を見て歩いた。ベッドルームから押入れの中、トイレにお風呂、最後には台所の流しの下のフライパン入れまでチェック。参った！

あー言えばこう言う

●子どもたちが危険なことをしていたので注意したら、「親にも怒られたことがないのにー」と言われた。「悪いことをすれば、君だって叱《しか》られるでしょう」と言ったら、「お母さんより僕のほうがえらい」と言う。「お母さんは君を生んでくれたんだからお母さんのほうがえらいんだよ」と教えてあげたら「生まれてあげたから、僕のほうがえらい」だって。

●遊びに来て、なかなか帰らない子。「そろそろ5時だから終わりね、気をつけて帰ってね〜」と、再三言っているのに「うちは7時まで平気〜！」と言って、なかなか帰ろうとしない。あなたは大丈夫でも、うちは6時半に晩ご飯なの！「はいはい、帰って帰って」と追い立てるように帰すのもツライ。でも7時まで遊んでいいという親も、どうなってるの？

第2章

ママへトラブル拡大

子どもをめぐるトラブルのうち、
子ども同士のトラブルより、
ママ同士のトラブルのほうが
実は多い。限られた時間と空間で
展開される濃密な人間関係で、
ママの悩みの本質はここにあり。
さあ、どうすればいいの？

言ったら逆ギレ

モモコが幼稚園の年中から年長にかけてのこと。毎日、モモコはシホちゃんに腕をつねられると言う。どうしてつねられたのか聞くと、「お絵描きをしているときに、お隣にいたシホちゃんが急につねった」とか「お弁当を食べているときに『卵をちょうだい』って言われて、『イヤ』って言ったらつねった」とか、それだけでつねるのかと、どうも釈然としない理由ばかり。

けれども、あまりに毎日続くので、ついに勇気を振り絞ってシホちゃんの家に電話をした。

「シホちゃんが、毎日うちの子をつねるみたいなんです。ちょっと様子を聞いて、やめるように言ってくれないかしら」

すると、翌日、シホちゃんのママから「うちの子はオタクの子がいじめるからやったと言っている。お互い様なら親が口出しをすることないと思うわ」とキレられ、ギャフン。けれども、確か

に子どもの話だけでは不確かなので、幼稚園の先生に相談した。すると、「実はシホちゃんは、だれかれかまわずつねるので、私からも親御さんに注意していました。誰《だれ》にでもつねるので、モモコちゃんが、毎日つねられているとは気づきませんでした。今後も気をつけます」だって。シホちゃんのママの言ったことって、なんだったの？

学んだ教訓

その後もしばらくはされるがままだった。モモコには、なるべく離れているように言うしかなかった。はじめての子育てでもあり、大人同士であれば、誠意を持って話し合うことで、ある程度わかりあうと信じていた私は甘かった。トラブルがあったときに、相手の親に言えるかどうかは、相手とどれだけ信頼関係が築けているかで違う。知らない相手だったら、まわりの信頼できるママに聞いて、話がわかる相手かどうかリサーチ。ムリな相手だと判断したら、先生へ相談するのがいい。

先輩ママの42のキッパリ戒め

ヘンな子の、親もヘンなら望み薄。まずは先生に相談を

私とは違う！

子どもの言いなり

マイちゃんとママがうちに来るときは、ちょっとゆううつだ。あの親子を見ていると、イライラしてくるのをおさえられなくなるからだ。

この間だって、そうだ。リンゴを出してあげた。マイちゃんはリンゴを口いっぱいに入れると、カミカミして汁だけ吸って、残りを口から吐き出し、まだ他のリンゴが置いてあるお皿にのせたではないか！

え？　ちょっとマイちゃんママ、なんとか言ってよ！　と私は心の中で叫ぶ。でもママは何にも言わない。仕方がないから私が言う。「マイちゃん、リンゴはきちんと食べようね」

するとママは、「マイは、汁しか吸わないの」と言って、吐き出したお皿を見るだけなのだ！

なぜ、怒らないの？　そんなものが横にのっていたら、他の人

は食べる気をなくすでしょう？　自分のしつけが、ガラガラとくずれていくようなシーンを、いつも目の前で展開してくれちゃうのが、マイちゃん親子なのだ。

だから、できれば来てほしくない。

でも、娘はマイちゃんと仲がいいので困ってしまう。

こうして解決

子ども同士は仲がいいが、ママ同士合わないとやっかい。価値観のあわない親と二人きりになると、会話をすればするほど「違う！」と距離感を感じるばかり。かなり苦痛だ。子どもが約束してきたら、「じゃあ、レイ君とヒロちゃんも誘おう」と、価値観の同じママを複数呼んでしまうことにした。多勢に無勢というと聞こえは悪いが、「おもちゃは、子どもに片付けさせる」「ご飯の前におやつはあげない」「食べるときは座る」など、常識のある人といたほうがティータイムはハッピーだ。

先輩ママの キッパリ 42の戒め

大人はしつけられない。ヘンなママは包囲網で囲む

人を利用する！

子守りをさせる

子どもが年長のとき、「用事があるから子どもを見ててくれない？」と、あるママから言われた。そんなにお付き合いはしていないママだったが、お互い様と思い、引き受けた。

しかし、「お願いしま～す」と玄関先で言われてみると、その子だけではなく、チョロチョロする2歳の弟まで一緒ではないか！　兄たちはテレビゲームをしていたが、弟はお菓子をボリボリ食べながら、部屋中を歩き回り、お菓子はこぼすわ、ウンチはするわでもう大変！　ホトホト疲れた頃、やっとママが帰ってきた。

え？　なんだかママの様子がさっきと違うよ。

え～？　自分だけ楽しんでいたの？

なんとママは、電車で40分もかかる有名な美容院までカットをしに行っていたという。「ありがとう」も「ごめんね」もない。う～。なんだか心がザラザラしてきた。鏡に映った自分を見ると、髪はボサボサ、私だってかれこれ3カ月はカットしていないのだ。

そのことを友人にぼやいたら、友人には「お迎えに間に合わないの。子どもをピックアップしてくれる?」と頻繁にメールしてくるママがいて、そのママもおしゃれだそうだ。おしゃれなママがみなそうとは限らないが、思わずふたりでため息をついた。
子育てママは、みんな大変。わかるからこそ、預かりもする。だが、あまりにも安易に、他人を利用して、自分だけが楽しむのは違うよ、と思ってしまうのだが。

学んだ教訓

子どもがいると美容院に行く暇もないのは、み〜んな同じ。もし、そのママが「たまにはゆっくり美容院に行きたいよね〜。今度あなたが行くとき、私、子ども預かろうか。私が行くときも、預かってくれたらうれしいな」と言ってくれたら、私も快く応じただろう。きれいになって帰って来たママを見ても「よかったね〜」と心から言えたと思う。2歳の弟のことだって、キチンと話してくれれば、それほど腹も立たなかった。要は「お互い様」の気持ちと「ありがとう」の言葉なんだよね。

先輩ママの42の戒め《キッパリ》

「お互い様」が大原則!「自分だけ」はご法度!!

人を利用する！

アッシーをさせる

初めての子どもが生まれてからの毎日、なんとか朝の10時までには、洗濯と掃除を終わらせて家を出て、公園に子どもを連れて行ったのは、私の友だちが欲しかったからだ。

子どもの相手をしながら砂場にいると、「何カ月ですか？」と話しかけてくれた子連れママ。どうやらうちの子とそれほど違わない。話しかけてくれたことがうれしくて、「やっと友だちができたかも！」と思った。

「ちょっとうちでお茶していきませんか？」「いいんですか？」そんなやりとりのあと、彼女との付き合いが始まった。

うちの車が目的だったの？

聞けば、彼女の家には車がないという。うちのあたりは、車がないと買い物にも行けないし、駅も遠くて不便。「それは大変でしょう。今から、私買い物行くから一緒に乗っていきませんか？」彼女はとても喜んでくれた。

スーパーで、子どもをお互いに見ながらあれこれ買って、大荷物。「でも車だから楽チンね」。彼女の役に立てた。人の役に立つなんてことも久しぶり。「また、行きましょうね」と言ったのは確かに私……。しかし、それから、何かというとアッシーがわり。雨の日、彼女に「今から駅に行かなきゃいけないんだけど、荷物も多いし大変なんだ～」と駆け込まれ、何度送って行ったか。「なんで私が？　私はタクシーじゃない！」と吼《ほ》えた私。

その後の経過

日々、足として使われること約2年。きっと友だちに飢えていた私の心が弱かったのだと思う。居留守も何度も使った。ダラ～と家にいるように思われているのかと思うとそれも腹がたった。それもきっかけとなり、子どもが幼稚園にはいって、パートの仕事を始めてから、彼女とは疎遠になったけれど、次のターゲットを見つけて、日々入り浸っているらしい。あの頃、はっきりと「ごめんね、できないわ」って言えばよかったと思う。それで壊れる関係なら、最初からおかしかったのだ。

先輩ママの42のキッパリ戒め

納得できないことは続かない。自分の心に正直になろう

人を利用する!

勧誘・押し売り

同じマンションのアイちゃんのママは、とても気さくで面倒見がいい。感じもいいし、子どもの友だちも増やしたいのでお付き合いが始まった。

マンション内の同じ年頃の子どもがいるママたちに、「カレーを作ったからみんなで食べない?」などと声をかけてくれるので、みんなで集まっていた。きちんと片付けられた部屋の中は、センスのいいインテリアで統一されており、おしゃべりもはずんだ。

ある日のこと。いつものように誘われて行ってみたら、なにやらちょっといつもと違う雰囲気。私たちの知らない人たちもいる。実は、アイちゃんのママは、化粧品のセールスレディーだった。その日は「パックの講習会」……! え~? そんなの聞いてないよ~。

「ウワ~ン!」人見知りの激しい息子がパックしている女性の顔

を見て、大泣き。

しめた！　とばかりに逃げ帰ったが、友人は一式買わされていた。「だって、子どもの関係にもひびが入るとイヤだし……」。なんだか弱みにつけ込んでいる感じで、イヤだな〜。

今まで親切にしてくれたのは、このためだったのかと思うと、人間不信に陥りそうだ。

こうして解決

あるときアイちゃんのママに「ごめんなさいね。興味がないから買う気はないの」と断った。子どもは相変わらず仲がいいし、勧誘以外の面では、ママも悪い人ではないので、私もよく話す。けれども、お誘いは断る。その後も、家庭用品、食品、下着等この手のお誘いはいろいろとある。きっぱり断って、お付き合いがそれっきりになった人もいるが、それならそれでいいと思う。子どもの付き合いと大人の付き合いは別物だと割り切っている。

先輩ママの42の戒め《キッパリ》

はっきり断ることも、相手への思いやり

「あなたのせいだ」

保健所の母親教室で知り合った私たち5人。出産後もそれぞれの家を行き来したり、いっしょに公園へ行く。仲良しグループ。ツバサ君のママは、5人の中ではリーダーシップをとるタイプだが、ママ同士の付き合いの間は、それほど気にならなかった。

ところがわが子はメソメソ弱い男の子。ツバサ君は、体も大きく、ワンパクで、どちらかといえばワガママな子。何かというとツバサ君にやられてうちの子が泣くパターンが多い。

「レオ君がすぐ泣くから、うちの子がいじめているみたいじゃない」

初めてそんなことを言われたときは、びっくり。けれどもその後も一貫してその調子。

「流産はあなたのせいよ!」一方的な言いがかりに仰天

その後、ツバサ君のママはふたり目を妊娠した。その日はデパートへ行こうという予定だったが、朝、ツバサ君のママから、「おなかが張るの」と電話がきた。私は、今日はうちで安静にして、治らないようなら産婦人科へ行ったら、とすすめた。しかし、ツバサ君のママは、「ツバサがデパートに行くと言い張るから行きたい」という。それならば、近くのショッピングセンターにしようと提案し、そうした。
その夜になって、ツバサ君のママは腹痛が増し、結局流産してしまった。気の毒に思ったが、なんと退院後、「レオ君のママがデパートに行こうと誘ったから流産した」と、私の目の前で他の人に話したのだ。え〜!? 言い返したが、悪びれる様子もない。

その後の経過

私のせいで流産、と言われたことは、普通に生きてきたつもりの私には、ものすごくショックだった。しかも事実と全然違う。今までも「え？」と思うことがあるたびに、「でも悪気はないだろう」とか「うちの子も悪い、すぐ泣くし」と思って言い返せずに来たが、ついに「この人、本気でおかしい」と悟った事件だった。彼女は他でもこのことを触れ回っていたが、みんなもおかしいと思ってくれた。流産の悲しさを言いがかりにすり替えたのだろう。幼稚園は別々のところを選んだ。

先輩ママの42の戒め《キッパリ》

言いがかりは事故にあうのと同じ。あなたに罪はないのよ

サイコママ

新しいマンションに引っ越して間もなくのこと、マンション内の小さな公園で遊んでいると、親しげに近づいてきたママがいた。ベビーカーには、うちと同じくらいの女の子。聞けば、同い年の1歳という。うちも女の子なので、親子でお友だちができたとと っても喜んだ。

それからは、会えばおしゃべりをしたり、いっしょに買い物に行ったりしていた。ところが、その親子と遊んでいると、どうもまわりの子育てママたちの様子がおかしい。さり気なく遠巻きになったかと思うと、いつの間にか家に入ってしまったり、何か私に言いたげなママもいる。

ある日のこと。「花火をやりましょう」と誘われた。そうねえ、じゃあ、うちにもいっぱい花火はあるし、にぎやかなほうが楽しいと、同じマンションの人たちにも声をかけた。結局だれも来な

かったのだけれど、それが気にくわなかったらしい。その日を境に豹変《ひょうへん》。

夜中の11時ごろ家に押しかけてきて、玄関のドアをドンドン叩《たた》いて叫ぶ。出なければ電話攻撃。何カ月も前におすそ分けしたグレープフルーツ（もちろん腐っていた）が玄関にかかっていたことも……。だ、だれか助けて～！

その後の経過

ひどいときには、警察を呼ぶ騒ぎにも。明らかにおかしいので、他のママたちに相談したところ、多かれ少なかれみな被害者で、すぐ理解してくれて対策を考えてくれた。私を助けたくても、「余計なことを言った」と彼女から危害を受けそうで、何もできなかったという。子どもに危害を加えられるのをみな恐れていたのだ。とてもひとりで対処できる話ではない。私の次に標的になった人は、ノイローゼになったという。ヘンだなと思ったら、かかわりを避け、周囲のみんなと協力し合おう。

先輩ママの42の戒め《キッパリ》

明らかに状況がヘンなときは、早めにSOSを発信

学歴・収入・家・実家

わが家の長女と、ユキハちゃんは幼稚園で一緒だった。同じマンションに住み、夫の趣味が共通だったり、お互いにアトピーで悩んでいたこともあり、気が合った。ユキハちゃんの妹がアトピーだったので、今までこうしてきたという経験をアドバイスしてあげることが、仲良くなるきっかけだったと思う。

しかし、いろいろ話すにつれ、どうもユキハちゃんのママは子育てやアトピーの治療よりも、私のプライバシーばかりを聞きたがるのが気になってきた。私や夫の学歴・社歴から、マンションの購入価格まで。習い事についてうちの子に聞いたり、夫の肩書きについて共通の知り合いから情報を得ていたり、とにかくやたらと聞きたがる。ところが、自分のことは言わない。それは、私に対してだけではなかった。

あるママは、夫の会社名を言ったら、年収まで聞かれたらしい。

実家が近所であることがわかると、「住所は？」「旧姓は？」と聞かれたママもいた。しかも、そのあと実家を見に行ったらしい。「わかったわよ〜。ご実家がどこなのか」と言われ、そのママはゾッとしたという。

まったく、何から何まで、聞くのはやめてよ！

こうして解決

園バスが同じ停留所なので、子どもを送ったあとも話し込むうちに、おしゃべりが増えたと思う。余計な話をするのはやめようと決めてから、なるべく遅くバス停に行き、さっさと帰るようにした。実家の母にも事情を話し、お迎えの時間などにはわざと母に携帯に電話をしてもらい、「あ、ごめんね、電話来ちゃったから」などと言って、立ち去るという技まで使った。子どもから聞き出されるのはイヤなので、なるべく遊ぶときはうちで遊ばせ、ママは呼ばなかった。嫌われたっていいわ！

先輩ママの42の戒め《キッパリ》

プライバシー進入不可。「浅く広く」が付き合いの鉄則

悪口・告げ口

娘のマリが入園して1カ月ほどたったある日、ヒナノちゃんのママに声をかけられた。ヒナノちゃんのママはとってもお上品で、キチンとした応対をしてくれるすてきな人だ。

「今日、遊びに来ない？」おぉ、初めてのお誘いだ。呼ばれたのは、私たち親子だけだったが、娘も私もウキウキ気分で行った。お茶を飲みながらしばし歓談。

「知っている？　ナオ君のママは、昔、幼稚園の先生だったけれど、ナオ君はとっても乱暴で大変なの。近寄らないほうがいいわよ」。「へ～。そうなんだ」

ヒナノちゃんのママは、若いのに上の子どもがいるから、幼稚園の情報通らしい。

会う人ごとに悪口いいまくり

しかし、その後会うたびに、「ヨシコ先生が、今日、マリちゃんにひどいことをしていたわ」だの「この間、サッちゃんのママがマリちゃんの悪口を言っていたわ」といった話ばかり。本当にそうなの？　でも、ナオ君は元気だが、意地悪をするような子ではなく、ママも人前でもキチンと子どもを叱《しか》れる人だった。かえってヒナノちゃんのほうが小さな

郵便はがき

料金受取人払郵便

京都支店
承認

2157

差出有効期間
平成26年11月
30日まで

(切手は不要です)

601-8790

207

京都市南区西九条
北ノ内町十一

PHP研究所
家庭教育普及部
お客様アンケート係 行

1060

ご住所 □□□-□□□□		
お名前	ご年齢 歳	お子様のご年齢 歳
メールアドレス		

今後、PHPから各種ご案内やメルマガ、アンケートのお願いをお送りしてもよろしいでしょうか？ □YES □NO

<個人情報の取り扱いについて>

ご記入頂いたアンケートは、商品の企画や各種ご案内に利用し、その目的以外の利用はいたしません。なお、頂いたご意見はパンフレット等に無記名にて掲載させて頂く場合もあります。この件のお問い合わせにつきましては下記までご連絡ください。

(PHP研究所　家庭教育普及部　TEL.075-681-8818　FAX.075-681-4436)

PHPアンケートカード

PHPの商品をお求めいただきありがとうございます。
今後の商品制作のために、あなたの感想をぜひお聞かせください。

お買い上げいただいた本の題名は何ですか。

どこで購入されましたか。

お求めになった理由をお選びください。

1 内容に関心があったから　2 タイトルに興味をひかれたから
3 作者に興味があったから　4 人にすすめられたから
5 その他【　　　　】

ご利用いただいていかがでしたか。

1 よかった　2 ふつう　3 よくなかった

ご感想などをご自由にお書きください。

日頃どのようなことに興味をお持ちかを、下記よりお選びください。また、その理由や日常生活で困っていること、知りたいことなどをご自由にお書きください。

1 子育て　2 家事　3 料理　4 健康　5 趣味　6 子どもの勉強
7 その他（　　　　）

声で「あんたとは遊ばない」と娘に言ったり、おもちゃを取ってしまう子ではないか。

ある日、ナオ君のママに聞かれた。「あなた、うちの子が乱暴って他の人に言っている？　何かひどいことをしたなら謝るけど……」

え〜!?　言ってないよー！　なんで〜？　情報源はヒナノちゃんのママだった。

学んだ教訓

いろいろなママと話すうちに、ヒナノちゃんのママは、接点のある人をすべてけなす人だということがわかった。悪口に「そうね」と言っただけで、めぐりめぐると私が言いだしっぺになってしまうコワサを知った。

「人の悪口は言わない、聞かない、同調しない」を心がけた。みんなで言っていると、その場の雰囲気で言ってしまうことにもなりがちだが、人のネットワークは、どこでどうつながっているかわからないものだ。

先輩ママの42のキッパリ戒め

悪口を言う人は、必ずあなたのことも言っている

困ります！

どこまで誘う？

仲間たちで、息子の誕生日パーティーをやることになった。幼稚園の帰りにわが家に集合。ママが4人、子どもが6人の計10人。お料理は10人分、お土産も人数分用意。紙製の帽子を10個持ってきてくれたママもいて、「かわいい〜」と盛り上がる。ケーキを10等分に切ったり、ママたちでワイワイ準備するのも楽しい。

さあ、始めようと思った頃、玄関で「ピンポ〜ン」。

なんと同じクラスのケイスケ君とそのママではないか。「どうしよう」。悪いことをしているわけではないが、なんとなく青ざめる。玄関を開けると、ママが「ケイスケが遊びに行きたいって言うから来たけど、みんないるんだ〜」と言い、ケイスケ君はスタスタ中に入ってきた。

子どもは正直で、「おまえ、誘ってないじゃん」「どうして来たの？」などと容赦ない。ケイスケ君も悪びれることもなく「別に

い〜じゃん」。ママも「今日はお集まり？　も〜う、誘ってくれないんだから〜」と気にしない様子。あわてて、ケイスケ君とケイスケ君のママにわが家の分のケーキやお菓子をとりわけ、席を作ってパーティーを始めた。
気をつかって場を盛り上げたけど、気まずかった〜。

こうして勉強

誕生日パーティーというのはむずかしい。「他の子には黙っていなさいよ」と言うのも変だし、だいいち子どもに「黙っていろ」はムリ。自分も仲がよいと思っている子や、仲良くしたいと思っている子にとっては、自分だけ呼ばれないのは悲しいはず。このときはトラブルにならなかったけれど、なる要素はおおいにあり。クラス全員をよぶほど家も広くない。子どもはやりたがるけれど「呼ばれない子はさびしいよね」と話して、家族だけで祝うことにした。

先輩ママの42の戒め《キッパリ》

誘わずに悲しませることもある。誘われずに悲しむこともある

困ります!

毎朝メール

レイ君はひとりっ子。そのママとは、ヨウスケの幼稚園の課外活動のプールで知りあった。私より5歳年上で大人っぽく、静かだが芯《しん》のしっかりした人というイメージだった。私は夫からもサバサバした男みたいな性格だと言われるが、気軽に誰《だれ》とでもしゃべるタイプ、それにヨウスケの下に双子の妹たちがいるので、毎日バタバタと走り回るような生活だ。

たまたま、「来週のスイミングはお休みです」という事務連絡を送るために、ケータイのメルアドを交換することがあった。毎日忙しいし、スイミングのことならいつも付き添っているレイ君のママに聞けばいいや、と私は頼りにしていた。

「いつもあなたを見ています」

それからしばらくたって、レイ君のママから毎朝メールが届くようになった。その日の予定を聞かれるので正直に答えていたら、ショッピングセンターに行くと現れるようになり、公園に行くと遠くの木の陰からこちらを見るようになった。来たメールに返信すると、すぐ返ってくる。私がやめない限り、必ず送られてくるのだ。だんだん気味が悪いと思っているうちに、文面がエスカレート。「太陽のように輝くあなたが好き」「今日もあなたはすてきな笑顔でヨウスケ君たちにほほえんでいたわね」。なにこれ?!

同性間の疑似恋愛みたいなものなんだろうか。怒らせたら逆恨みされてどんなことになるか怖い。どうしたらいいの？　まったくもう、なんでこうなるの？

まだまだ継続中

こうした感情がわくことも不思議ではないし、同性のママをみてあこがれる気持ちもわかる。でもやっぱり変だよ。怒らせたくないと思って適当にメールの返事をしていたが、いつまでも終わらないので、「これからでかけるので、バイバイ」「電車ででかけるので、ケータイ切ってます」などという連絡を入れて、「もうメールはおしまい」ということを伝えるしかなかった。そのうち、メールの回数も接触する回数も少しずつ減っていった。でも小学校は同じになりそう、アァ。

先輩ママの42の掟《キッパリ》

思い込みのはげしい人には、少しずつ静かにフェードアウト

子育てネットの総力アンケート

こんなママいる？いるいる

困ったママ遭遇率は、1割。
30人のクラスなら
3人は困ったママなんだって！
あなたの周囲の困ったママは、
どんなママ？
実はとてもこのスペースに
書き切れないぐらいいたのです。
恐るべしママ列伝です。

世俗にまみれたくない？

●食材に徹底的にこだわり、朝4時からパンを焼いちゃう何でも手作りするママ。それはそれで立派だが、よそのうちで出されたお菓子をわが子が食べようとすると、「こういうものはまだ食べさせたことがないから……」とキャーキャー叫《さけ》ぶ。ママがいないときは、その子はスナック菓子を猛然と食べている！　テレビゲームも人に渡さずやりまくっている！

●K君親子。夜までわが家にいて晩ご飯を出したときのこと。7時のアニメを見ようと、うちの子どもたちがテレビの前に座った。するとK君のママは「うちではNHKの4時から6時までの番組しかテレビは見せないの」と言って、テレビのスイッチをプチンと切ってしまった。半べそをかくわが子を見てあわててこっそり録画。見ないのは勝手だが、ここは、あなたの家じゃないぞ。

子どもに無関心？

●子どもに朝、昼、夜と3食クリームパンを食べさせるママ。

●ずっとメールをしっぱなしのママ。

●デパートの中にある「キッズスペース」（保護者同伴）に、2人の子どもを置き去りにしたまま買い物へ行って、1時間近く帰ってこないママ。

●ある日、小1のM君がランドセルをしょったまま「ママがいない」と来た。家にあげつつ、M君の家に電話をし、事情を留守電に入れたが、2時間たっても連絡がない。再度電話すると、ママはいたのだ！ そして「すぐに帰してください」だって。留守電は聞いたの？　1年生が帰ってこなくて心配じゃないの？ 他に言うことないの！？

余計なお世話だ！

●頼んでもいないのに、自分が欲しい物は皆も欲しいと思い込んで買って来るママ。「○○で安売りしていたから、あなたの分も買ってきたわ。はい、○○円」。しぶしぶお金を払い、欲しくもない物を受け取った。

●お世話大好きママ！　よく気がきく、何でもくれる、何でもしてくれる！　しかしこれが行き過ぎるとちょっと……。焼いてくれたパンを「おいしかった」と言うと、焼くたび持ってきてくれるようになり、飽きたとも言えず……。

自己チュー

●子どもを長時間、頻繁に預けるママ。最初から夜まで預けるつもりなのか、夕食として、子ども用のレトルトカレーを自分の子の分だけ持参。「おやつとか食べさせなくていいから、カレーを食べさせておいて」だって！　私はペットシッターか！

●文句ばかり言うわりに、自分は何もやらないママ。自主保育の会でやっと皆の予定を調整して遊びに行く日を決めたのに、前日の夜10時になって「明日はとても寒いらしい。明後日なら暖かくなるようなので、もう一度皆の予定聞いてみたら？」とメールがきた。自分でやってくださ〜い！

わが子がすべて

●いつも子どもに気を遣い、子どもの言うことやわがままを聞き、子どもの意見に左右されるママ。

●懇談会で「あなたのお子さんの言っていることを100％信用しないでください」と発言したママ。実はその子はものすごいいじめっ子なのだが、他の子が被害者ぶっていると言う！！　あなたにそっくりその言葉を返したい！

●子どもは、蹴《け》ったり叩《たた》いたり目にあまるのに、ママは知らんぷり。ある日のこと。別の男の子が、その乱暴な女の子を叩こうとした。すると、突然、ママが飛び出してきて、男の子の手をつかんで「暴力はやめようね！」と言った。「自分の子がやられるときだけ出てくるなんて……」と、まわりは唖然《あぜん》。

●幼稚園で、H君とYちゃんがケンカ。両方でやりあっていたが、Yちゃんのほっぺたにうっすらとミミズばれのあとが……。すると、翌日Yちゃんのママ、パパ、おじいちゃん、おばあちゃんが4人で幼稚園に来て「七五三の前によくもこんなケガをさせてくれた。もう世話になりたくない」と、なんとそのまま幼稚園をやめてしまった。

困った人々

●「自分の次の人が留守だったけどどうすればいいんですか」と聞く、連絡網のまわし方を知らないママ。

●園のお遊戯会で、子どもの出番に立って撮影してしまうママ。

●たいして悪くないのに、子どもの頭をポカポカ叩くママ。

●子どもにはすごくどなるのに、まわりの大人にはすごく愛想がいいママ。その差がコワい。

●ママ同士仲が悪くなると、その子どもの悪口まで言っていじめるママ。

●教育委員会の偉い人を知っていると言い、何かあるとすぐそれをチラつかせて先生をビビらせるママ。

●お店や公共の場で自分の子が騒いでも危ないことをしても知らん顔、またはおしゃべりに夢中で気がつかない。公園から道路に飛び出した子をみかねて注意した。その子がびっくりしていたので、あとでその子の親に「注意したら、ちょっとびっくりしちゃったみたい」と報告した。すると「ああ、大丈夫だと思う。気にしないで」と言われた。あたしゃ、悪者だったのか!?

●長女の幼稚園の役員は超忙しい。下の子を妊娠中だったので断ったら「それで逃れられるなら私も妊娠したいわ」と言うママがいた。

価値観の相違?

●家のベランダで砂場遊び。砂の替わりにお米を使っていたママ。

●公園に、ダイヤモンドの指輪をしてくるママ。

●学校を休ませて海外旅行に行き、そのお土産を学校で子どもに配らせるママ。

●幼稚園の送り迎えに、上から下まで有名ブランドのお洋服で統一してくるママ。美しいから目の保養にはなるが。ちなみに、幼稚園の面接の日にピンクフリフリ風で統一してきた親子もいた。こちらはあまり目の保養にならなかった。

あるイミすごい!

●子どもに規則正しい毎日を過ごさせ、勉強、習い事をしっかりさせることに並々ならぬ情熱を持っているママ。Kちゃんは、ママとの約束の時間を1分でも過ぎて家に帰ると、ドアの鍵を閉められる。その家に遊びに行くと、ほんの少しの時間で「勉強があるから」とママに追い返され「うちの子は、勉強や習い事をしっかりさせたいので、お宅のお嬢さんに、あんまり遊びに誘わないように言ってください。迷惑です」なんて言われる。そんな事、普通思っても言えない。ここまで来るとアッパレ。最近では、何を言われても「そう来たかぁ」と受け流せる。

第3章

トラブルから見えるママの心

わが子がやられたのに、
腹立たしいのはなぜだろう。
わが子をあるがままに
受け入れられないのはなぜだろう。
トラブルの根っこにこそ
ママの悩みがある。
トラブルは子育ての鏡でもある。
さあ、どうすればいいの？

ふがいないわが子!

女の子に泣かされる

長男は、小学校に入ってから時々「学校に行きたくない」ということがあった。理由を聞くと、これといった決定的なものはなくて、あれやこれやの積み重ねが許容量をオーバーしてしまうという感じ。その中のひとつが「女の子にこてんぱんにやりこめられる」というもの。え〜っ？　よく話を聞いてみると、ドッジボールで息子とユウマ君とで審判をやったという。ユウマ君はクラスでもムードメーカー的な人気者。スポーツマンで特に女子たちからの人気も高い。当然、あまり抵抗しそうもないうちの息子に、審判に対する抗議が多く、しまいには「ボケ！」とまで言われたらしい。

自分の育て方がいけなかったのか

「なんで、はっきり言わないの！　審判なんだから、自分がこうだと思ったことを簡単に撤回する必要はないし、してはいけない！　自分に自信を持ちなさい！　はっきりＮＯ！と言いなさい」と声を荒げる私に、息子はボソッと「女の子にひどいこと言えないよ」。

うちは男ばかりの３人兄弟。だから、将来、女の子を「モノ」のように扱うヤローにはなってほしくなくて、「女の子は守ってあげるべき相手」と口をすっぱくして言ってきた。それが、アダになったのか……。日ごろ、息子にはついガミガミ言ってしまうから言い返せない子にしてしまったのかもしれない。私が「ボケ」扱いしているから、自分に自信が持てなくて、オドオドしてしまうのかもしれない……。すごく悲しく、切なくなってきた。

こうして解決

長男には、いつもじれったい思いを抱くことが多かった。でも、あるとき「か弱き女を守り、リーダーシップを発揮するキラキラした男」という理想に私自身が縛られ、息子に押し付けているだけではないかと気づいた。それから、子どもに対する見方が変わってきた。すると、「女々しさ」が「優しさ」に、「優柔不断」が「慎重」に見えてきた。たぶん息子は、気遣いのできる大人になるだろう。それなら悪くないぞと思うのだ。それに、最近私はガミガミ言っていないと思う。

先輩ママの42のキッパリ戒め

男らしく・女らしくより、人間らしく育てよう

「イヤ」が言えない

入園前のこと。息子には大の仲良しのタケちゃんがいた。いつもふたりで遊び、私もママと気が合い、毎日のように会っていた。息子は人見知りが強く誰《だれ》とでも遊べるわけではなく、フレンドリーなタケちゃんに遊んでもらい、助かっていた。そのタケちゃんを、キョウちゃんという女の子が好きになった。なんとなく3人で遊んでいたが、だんだんタケちゃんを独占したくなったようだ。ことごとく、息子の邪魔をする。

鉄棒にタケちゃんと息子がぶら下がっていると、息子を引きずり下ろし、自分がタケちゃんの横にぶら下がる。そのうち自分がタケちゃんのそばに行くためなら、息子をはがいじめにする、ものを投げ、砂をかけ、首を絞めるとどんどんエスカレート。ママは「愛の力ね～」と笑って見ているだけで歯がゆい。やられる息子に、胸が痛む。「やられたらやり返せ」と教えてはいない。け

れども、心の中で「やっつけろ〜」と叫んでいる。

あるとき、息子が反撃に出た。キョウちゃんに砂をかけたのだ。心中「そうだ、やれ〜！」と叫んだが、キョウちゃんのママは、渋い顔で息子をにらむ。「砂をかけてはいけない」私は息子を一喝した。息子にしてみれば納得がいかないだろう。

こうして納得

やられっぱなしは、おもしろくない。少しはやり返してほしい。けれどもそうは言えない。だって砂をかけるのはイケナイことだからだ。それよりも大切なことは、イヤなことをされたときに「イヤ」と大きな声ではっきりと言えることと、自分がされてイヤなことは、他の人にもしないことだ。それができないことがいじめの始まり。これは大事なことだ。おもしろくない気持ちは、胸のうちにしまいこんで、息子の目を見ながら、しっかりと話をした。わかってくれたかな。

先輩ママの42の戒め《キッパリ》

「イヤ！」を言う大切さを、教える機会を逃さない

いじめっ子と呼ばれて

年長のトモヤはとても活発。「なぐられた」「髪の毛を引っ張られた」と言う苦情は、しょっちゅう。今日もカツノリ君を叩《たた》いてしまったという。あとで電話をして謝らなければ……。先日はトシオ君を蹴《け》り飛ばして、謝ったばかりなのに。

トモヤは体が大きく力も強い。だから、それまでの経過がどんなものであっても、最後にガツンと一発入って相手が泣けばこちらが悪者になってしまう。

「どうして?」とトモヤに理由を聞くと、「トシオがいきなり叩くから、オレも叩き返した。そしたら蹴ってきたから、蹴り返した」とかそんなことばかり。どっちもどっちじゃないの? と思われることも実際には多いのだ。

けれど、一度「いじめっ子」の烙印《らくいん》を押されると、何をやってもそう見られてしまう。いじめられる子の母もツライだろうが、

いじめっ子の烙印を押された子の母だって、かなりツライ。
トモヤもトモヤだ。こう年中トラブルを起こさなくてもいいんじゃないの？　少しガマンすることを覚えるとか、先生にまず訴えるとか、かわして避けるとか、もう少し頭を使ったらどうなのよ。もうイヤ！

こうして納得

近所にゲンタ君というすてきな小学4年生の男の子がいる。その子は運動神経抜群で、サッカーチームでリーダーシップを発揮して、コート狭しと駆け回るクラブの要《かなめ》。その子のママに「トモヤ君、うちの子が小さかったときと似ているわ～」と言われたのだ。ゲンタ君も幼稚園のときはただただ暴れん坊だったとか。「口下手で力が余っているだけ。悪いことは悪いと叱《しか》っていれば、大丈夫よ」と言われた。子どもは変わるんだ！　よし、あきらめずに、しっかりしつけよう。がんばるぞ。

先輩ママの42の戒《キッパリ》め

将来良きリーダーか、暴れん坊で終わるかはママ次第

子育てネットの
総力アンケート

みんなが考える理想のわが子・理想のママ

わが子にさまざまな夢を託したり、
こうあってほしいという
希望を持つのは、
親としては自然なことですよね。
時としてそれが
子どもの負担になり、
さまざまなトラブルの
原因にもなるのですが。
子どもにだけ要求するのは
フェアではないので、
ついでに自分自身について
どう考えるかを聞いてみました。
さあ、あなたはどうですか？
この中で一つでも「これはあてはまる」と思う項目はありませんか。
それで十分！　と私たちは思っています。ないもの探しではなく、
あてはまるものを探しましょう。

●あなたが考える理想のわが子とは？

（複数回答あり）

1位　物事の善悪を考え、自分の意見や気持ちもちゃんと伝えられる

2位　人に優しい　元気で外遊びやスポーツが好き

3位　友だちを大切にする　友だちがたくさんいる

●あなたが考える理想のママとは？

（複数回答あり）

1位　家事はテキパキなんでもできる（特に料理がうまい）

2位　考え方がしっかりしていて、流されず、それでいて押し付けがましくない

3位　おしゃれで、センスもスタイルもよく、所帯じみていない

4位 勉強ができる

親や目上の人の言うことをよく聞く

5位 挨拶をきちんと言える

自分のことは自分でできる

6位 好きなことや得意なことがある

夢や希望がいっぱいある

その他

元気で明るい。平均的な量の食事をする。

音楽や読書も好き。

どんなことにも好奇心いっぱいで一生懸命取り組む。

社交的。行儀がよい。

お手伝いができる。

苦手なことに努力する。

新しいことにチャレンジする。

いつまでも子どもらしい、人間らしい子ども。

ルックスがいい。社会のルールを守れる。

困ったとき、辛《つら》くなったときに解決していく方法を自分で切り開く力（生き抜く力）がある。

好き嫌いがない。

人に迷惑をかけない。

勉強は平均くらい。

時間をキチンと守れる。

健康（心も身体も）。

＊理想を押し付けたくない。その子の長所を伸ばし、一人の人間として普通に育っていったらそれでいい。

4位 母として妻としてだけでなく、個人として生き生きとしている

5位 子どもと一緒に何かを話したりやってあげる時間を作る

6位 優しくて思いやりがあり、穏やか

7位 政治、経済など時事問題にも明るい

子どもを叱《しか》るときは、自分の都合や感情ではなく、毅然とした態度で叱る

明るくて話していると元気が出る

その他

字がきれい。姿勢がよい。

マナーがよい。

言葉づかいがきれい。

威張ることなく謙虚。

家の中はホワイト調でシンプル。

子どもから信頼されている。

適度に行動力がある。

体力もありパワフル。

子どもの目線で見られる。

子どもの支えになってあげられる。

子どもの友だちにも自分の子どもと同じように接することができる。

●あなたの子どもはその理想をどれくらい実現している？

メンバーそれぞれの主張（抜粋）

50％
自分から生まれちゃったってだけで、すでに50％は理想を達成！ それだけか（笑）！？

100％！
子どもふたりとも。自分の子どもは、あまり理想を持たず、よいところを見てあげるようにしたいから。

50％
でも元気で明るく優しいし、彼らなりにがんばっている。

60％
子どもには少しいい点数をあげたくて……。これって甘いかしら？

80％
最低限の身につけてほしいことという意味で、７歳の子は、年相応。

90％
本人の心と体が健康で、前向きに生きているから。－10％は、もっと自分を出してほしいから。

50％
ケンカをしても謝ったり、弱い子にもちょっと優しくできたり……。できなかったことが、大きくなるにつれて、できるようになったこともあり。だから発展途上。

40％
でも愛情は100％よん。40％同士のバカ親子で相性はいいのかも。

80％
長女 まあまあ、イケテます。

10％
スポーツマンじゃないし、物《もの》怖《お》じしてばっかりだ。う～ん！

30％
でも毎日元気でニコニコして、健康的なだけで◯《マル》という感じ。

●あなたはその理想をどれくらい実現している？

メンバーそれぞれの主張（抜粋）

50％
ピーターパンに出てくるウェンディ、ジョン、マイケルの母のような人が理想。叱っても「まあ、悪い子ね～」って言う。ムリだ。でもこれより下にはなりたくな～い！

80％
人の意見に流されるし、主張もできない私。でも家事育児はがんばっていると思うから、基礎評価が高いのだ！

50％
私は家事、料理が苦手。人のウワサを聞いて一喜一憂。うんとおまけしても50％。

50％
子育てどっぷりの私。子育て以外でイキイキしている人が理想だから志半ば。

65％
隣人が理想的なママ。おおらかでありながら、細やかな気配り。おしゃれで知性あふれる行動派。私も少しずつまねをして、理想に近づいているかな？

10％
ママらしくないママにあこがれる。理想のママであることは、理想の女であることで、ママになってはいけないのかも！ ガ～ン！

40％
お友だちにも自分の子のように接することができない私はダメママ。とほほ。

40％
理想はすごい。でもそんなママは大変そう～。努力してなりたくはないや。

30％
流されず、しかし他人の意見を認める。むずかしいんだなあ、これが。

第4章

トラブル解決特効薬

いくつものトラブルに直面した
先輩ママたちが、
涙と汗で乗り越えながら
会得したトラブル解決薬を
まとめて大公開。すぐ効くもの、
じっくり効くもの、
それぞれ効果はすでに実証済み。
さあ、お試しあれ。

すぐ効く点滴

口に出す

初めてユウタが体操着の背中に上履きの跡をつけて帰ってきたのは、1カ月ほど前のことだった。驚いた私が訳を聞くと、ユウタはやっとぐずりながらふたりの子の名前を出した。トモアキ君とヨシユキ君というふたりの子が、ユウタを含む何人かの背中に人間跳び箱といって上履きのまま乗っていたのだ。なんてことを！　ユウタがかわいそうで、猛烈に腹がたつ。怒りの収まらない私は、すぐに園の担任の先生に電話した。

先生は、すぐに子どもたちに話を聞いてくれるとのことだった。まだ納得はできないが、先生を信頼して待った。そして早めに帰宅してもらったパパに吐きまくった。何かあるとき、私は必ず安全な夫か実母に話すことに決めている。他のママへは話が曲がって伝わることもあるので話さないほうが安全だ。
翌日、先生からふたりの子がユウタに謝ったと聞いた。ホッ。それに本人もケロッとしている。安心するとともに、あの時相手の親に直接電話しなくてよかったと思った。

先輩ママの42の戒め《キッパリ》

安全な人に吐き出して、怒りを制御

だから効く

子育てネットのアンケートでも、その場の感情で直接相手の親子に怒鳴り込むのは良い解決方法ではないと出ている。しかし親として、子どもの被害を目《ま》の当たりにして冷静でいられるわけもない。でも、ここは努めて怒りを抑えながら、子どもから冷静にトラブルの状況を聞きだすことから始めよう。次に自分の思いのたけを、あなたのそばにいる信頼できる人に吐き出そう。話すことの効能は、

●人に伝えるために順序立てて話すことで、トラブルの内容が整理できる。
●話すことで、ワンクッションおくので冷静になれる。
●話すことで、怒りを共有できるので安心し、対策も立てられる。

子どものトラブルが原因で転居するケースも多いらしい。もめると大人の場合は仲直りも難しい。命にかかわること以外は、その場の感情にまかせて突っ走ると後悔する場合が多いので注意しよう。

すぐ効く点滴

ひたすら考える

わが子の誕生日にクラスの仲の良い子を8人招いた。この日は息子が主役。みんなからプレゼントをもらい、楽しく盛り上がっていたら、クラスのあるお母さんが突然やってきて、「呼ばれない子が悲しがるじゃないですか。呼ぶなら全員呼ぶべきでしょう」と怒鳴られた。確かにその人の子どもは呼んではいなかったけど。おかげで参加した子どもたちはみな黙ってしまい、結局ケーキも食べずにお開きに。本当に悲しかった。

メモを書きながら、心の中の本音（思い）を吐き出した（「バ〜カ」「非常識な奴」等）→これが私の本音だと確認した（無理していないか）→何が原因だったかを立場を変えて考えてみた（確かに呼ばれないと淋《さび》しいな）⇩解決策をさぐるが、話しても無駄な相手の場合はもう気にしない（ダメだ、あの人じゃ）⇩誤解をとくために話すかいがあるならやってみよう（よし、電話してみよう）→今まで人生に無駄なことはなかったと考える（良い経験だ）→なんでこんなに考えているのか（バカバカしい、開き直れ）

先輩ママの キッパリ 42の戒め

怖がらずトラブルに浸かろう。そこに解決と開き直りがある

だから効く

頭が痛くなるまで考えて、一度どっぷりトラブルに自分の心や気持ちを浸《つ》けてからでないと、問題は消化されない。体内に入った食べ物だって時間がたたないと消化しないのと同じだ。ただし、自分の思いだけをずっと反芻《はんすう》していては、怒りは増幅するが、なかなか心は晴れない。やはり相手の立場も考えたり、自分の心に正直になることが大切。

そして最後は、考えた末に、心から「自分でも自分のことを１００%理解できないのに、他人に理解されなくても当たり前」と思えること。いい意味での開き直りだ。自分が考えるように他人も考えるなんて期待してもムリムリ。そう思えばきっと気が晴れるはず。やってみてね。

すぐ効く点滴

豪遊する

まったく頭に来る。同じマンションにいる20代前半の若いママ、リカさん。いつもメイクとマニキュアはバッチリなくせに、夜泣きがひどくてどうしていいかわからないと、夜中の2時にわが家をピンポンする。雷が怖いから来てと電話してくる。しょっちゅうメールしてきては、返事が遅れると「冷たい」とイヤミを言う。若いのに子育てをがんばっているのが私も嬉《うれ》しくて、同じ子育てママ同士助け合いたかったのだが。最近はうんざりだ。

そんな状態が続き、イライラするたびに食べていたら、夫から「最近太ったんじゃないか」と言われ、ガ～ン。リカママのメール攻撃を避けるためにも、近所のジムに通うことに。同じコースのママたちとおしゃれなランチやお茶をすることでストレス発散。確かに出費は痛いが、家でウツウツすることを考えたら安いものだ。気分転換の費用をケチってはいけない。自分のための出費が増える分、毎日の家事や育児にもやる気が出てテキパキ行動したためか、以前よりも家計費は抑えられた。

先輩ママの42のキッパリ戒め

多少の出費は目をつぶれ。温泉・ランチ・睡眠で発散！

だから効く

豪遊といっても、子育てまっただ中で、そうそう自由になるお金は潤沢ではないはず。でも、いつもの生活からちょっと違う場に身をおくだけでいい。近くの温泉銭湯でもいいし、ランチやデザート食べ放題でもいい。映画でもコンサートでも、スポーツをやってもいい。パパに子どもを頼んで、丸一日寝続けてもいい。

豪遊しても楽しいのはその時だけで、問題解決にならないし、その場しのぎなんじゃない？　という意見もある。でも、とりあえず良い気分になれるし、トライしてみよう。気になっていたトラブルが、小さくなったなあと思えたらこの方法は大成功なのだ。

すぐ効く点滴

打ち込むことをさがす

誰《だれ》からも好かれる私、たくさんママ友がいる私、いつもママ友とのスケジュールがいっぱいの私。そうありたいといつも気にしていた。子育てはたいへんだ。どう成長するかわからない先の見えないわが子は不安だし、パパは多忙であてにならないし、ひとりで子どもと向き合うのは不安。だから、仲間を確保しておきたかった。集まっていても、みんな自分のことを話すので精一杯。それでも〝ひとり〟は嫌で、いつも誰かといたかった。

でも、そんな毎日に疲れていたのも事実。行動をともにしていた幼稚園ママのグループでのおつきあいで、とりあえず相手に合わせて我慢しておいて、会話が終わったらすぐにその場を離れるようになった。遠くの友だちと会い、買い物に行き、趣味のサークルも始めた。でも一番良かったのは幼稚園の役員をやったこと。子どもが喜ぶし、園や先生のこともわかるし、なにより素晴らしいママ友だちにめぐりあえた。

先輩ママの42のキッパリ戒め

育児、趣味、役員、仕事とどんどん世界を広げていこう

だから効く

いつまで続くかと思うこの園ママたちとの濃密な時期も、終わってしまえば2〜3年だったという人は多い。だから、なんとなく違和感を覚えながらでも、やり過ごすというのも手かもしれない。

しかし、子育てネットのアンケートで、幼稚園で長くおつきあいをしたいママ友にめぐりあえた、という人の多くが「役員をやったから」と答えているのは注目だ。連日のお茶会も、しだいに話のタネはつきてくるし、新鮮味もなくなってくる。だったら、いっしょに何かをやろうよ。打ち込めることをやってみようよ。何かを成し遂げることで得た喜びはお茶会では得られないものだ。もちろん、自分の打ち込める趣味でもいいし、ボランティアでもいいし、仕事を始めるのもいい。

アンケートにもこうあった。「午前中パートで働き始めた。忙しくて、どこぞの親がどうしたこうしたなんて話は、まったく興味がなくなった」と。

体質強化のワクチン

棚ぼたの友情なし

長男のダイスケはおとなしくおっとりタイプ。公園でも、友だちとかかわらずにいつも砂場に行ってしまう。すべり台やボールを蹴《け》りあって遊ぶよその子を見ているだけで、「一緒に遊べば？」と声をかけても、行こうとはしない。「自分からお友だちを作らないとできないんだよ」と言いながら、ハッとした。実は私自身が、楽しげなママたちの中に入っていきたいのだが、すでにグループができているから気後れしていたのだ。

「こんにちは」の一言でいいのに、声をかけるのが恥ずかしいし、なんだか自分がへりくだったような、下手《したて》にでているような気もする。積極的なママのほうから声をかけてくれないかと願ったりしたこともある。どうして声をかけるのがこんなに苦手なのだろう。声をかけて、良い反応が返ってこなかったら、自分が否定されるような気がするからだ。自分ができないことを子どもに望むなんて！　一念発起した私は、初めて自分から声をかけた。すっごく簡単に友だちになった。

先輩ママの42のキッパリ戒め

自分から話しかけよう。まずは笑顔であいさつから

だから効く

まず、明るく元気な声で「おはようございます」でも「一緒に遊ばせてもらっていいですか」でもいい、あいさつしてみよう。それから話が弾めばよし、弾まなければまた別の機会を待てばいい。他にもチャンスはたくさんある。相手のママだって、きっとあなたが話しかけることがうれしいはずだから。

学生時代も勤めていたときも、私たちはすでにセットされた限られた枠の中に、自動的に入れられてきた。クラスや部署だ。同じクラスや部署の中で友だちを見つければよかったし、その中で友だちを作ることは、先生や上司からも良いことと勧められた。でも、ママになっただけでは、どこにも枠はないし、誰《だれ》もセッティングはしてくれない。自分で友だちを見つけていくしかないのだ。

子どもには、待っているんじゃなくて、自分からどんどん仲良くなってほしいと思う。ママたちも成長過程、子どもと同じように自分からアクションを起こそう。

体質強化のワクチン

つきあい方を決める

「今度の木曜日、うちに来ない？」「幼稚園が終わったらお茶しに来ませんか？」そんなふうに誘うのがとても苦手だった私。子どものお菓子は袋菓子でもいいが、十分用意。飲み物は100％果汁と麦茶をたっぷり。ママ用のお菓子は、インスタントゼリーでもいいから手作りで。飲み物は、コーヒー、紅茶、日本茶。カップは漂白、部屋の片付け、トイレ掃除、芳香剤も忘れずに、リビングには花を飾って……などと思うと、疲労困ぱいだ。

子どもだけなら、適当に子ども同士で遊ばせて適当なおやつを与え、たまに様子をうかがい、その時間に洗濯物をたたんだり、夕食の用意をしたりと用事を同時にすませられるのだが、親が同伴だとそうもいかない。ところが、あるとき、うちの子がナホちゃんの家に行くことになった。するとナホちゃんのママは「ごめん、今日うちすごく散らかっているから、子どもオンリーね」と、とっても明るく言ったのだ。なぁ～んだ。それでいいんだ。それからはとっても気が楽になった。

先輩ママの42の戒め《キッパリ》

2度に1度はこれでOK!「今日は子どもだけね」

だから効く

無理をしても続かない。無理をするとどこかにガタがくる。自分で自分をしばらないためにも、自分なりのつきあい方を決めておこう。

例えば、呼ばれたことのあるメンバーをチェックしておき、呼ぶときは個別には呼ばずそのメンバーをまとめて呼ぶ地引網方式に。楽しいし、手間も省ける。ただし、親の都合で友だちを選べる年少時限定で、年長になると呼びたい子と親の都合が合わないこともあるので、臨機応変に。また、「わが家は1回に袋菓子2袋まで、ペットボトル1本までよ」や「子どもは麦茶って決めてるの」と、事前に説明して、わが家のやり方を伝えると案外スムーズだ。

体質強化のワクチン

今は心の修行中

下の階のマユミちゃんのママを見ていると、会社勤めのときに、本当に嫌いだった先輩のOさんを思い出す。ふたりとも常に自分が中心じゃないと気が済まず、上司や園の先生などにはペコペコするくせに、部下やママたちの仲間には一方的に話す。人の言うことを自分の手柄にしたり、話を曲げて言いふらすなんて序の口だ。会社にいるときにOさんのことで悩み、ノイローゼになりかけたことを思い出して、嫌な予感がする。

近くに住み、同じ幼稚園となれば、逃げることもできない。同じ園バスの停留所を使うため、会話もしなければならない。ともかく明るく元気に感じよく対応し、なにか言われたら「へ〜」「そう」で返す。決して自分の意見は言わず、ハンバーガーショップかファミレスでバイトをしている気分で笑顔を忘れない。この作戦で、とりあえず手ごたえのない奴《やつ》と思われたのか、いじめの標的になることも避けられた。その昔単身Oさんに刃向かい、干されたことが私の教訓になっている。私は強くなったのだ。

だから効く

人間は皆平等で対等である、このことは間違っていない。でも、社会的な立場というものは強固にあり、社長に社員がたてついてもたぶん勝てないし、先輩のOさんに正論を述べていじめられても、それは若かったとしか言いようがない。

上下関係がないはずの、同じひとりのママとしての立場でも、住まいが近い、子どものクラスが同じ、ということになれば、穏便《おんびん》にトラブルを収めたい。ある意味子どもが人質に取られているのと同じだからだ。

子どもの頃は、1年生、2年生と学年が上がっていくにつれ、できることも増えていった。ママだって、1年目の新米ママと10年目のベテランママでは、差があってもおかしくない。なのにママは一律同じに扱われる。

私はまだ若い。これから立派な人間になるために、今は心のトレーニングをしているんだ、もっと強くなってやる、そう思えばスッキリする。

先輩ママの42の戒《キッパリ》め

体と同様、心も強く。子どもとともに修行する

自信を持つ

ケイタは公園でシンジ君とやり合って、また泣いた。すべり台でシンジ君に強引に横入りされたのだ。シンジ君は3人兄弟の末っ子。シンジ君のママは3人育てているためか常に自信満々。シンジ君も公園ではわが物顔だ。でも待ってよ。今のはシンジ君が悪い。「順番守ってくださいね」とシンジ君のママに言ったら、「ひとり目の子のママって神経質ね」と言い返された。私は確かに初心者ママだけど……、ああ、言い返せない。

シンジ君が明らかに横入りしたのだから、私は「それはいけないことだよ、決まりを守ろうね」とシンジ君に言えばよかったのだ。しかし、直接シンジ君に話して納得させられる自信がなかったし、悪者になりたくないから、保護者のママに言いつけるという、なんとも情けない手段に訴えたのだった。

それ以降、子ども同士のトラブルがあったら、互いの言い分や周りにいた子の話も聞き、相手の子が間違っていたら、キチンと話をしている。それでトラブルはない。

だから効く

初めての子育ては、わからないことだらけで、これでいいのかと不安になることばかり。トラブルに直面したとき、唯一頼りになるのは、自分の感性による判断と、それを「これでいいんだ！」と思える自信、この2つだ。

感性は、あなたが今まで生きてきた中で培ったもの。「あれ？　これおかしい、まちがってる」と感じたらその判断に従っていい。毅然《きぜん》とした態度で、そのことをまっすぐに伝えよう。もし、子育てや家事で、自分はよそのママに比べてあんなにちゃんとやってないよ、と自分に自信がないと悩んでいるママだって、大丈夫。悩んでいるママは、決して道を誤らない。自信を持とう。

先輩ママの42の戒め《キッパリ》

初心者ママでも迷うママでも大丈夫。自分を信じよう

体質強化のワクチン

遠くの友を大切に

ミナコは高校時代の同級生。ずっと仲良くしていたが、娘が生まれた頃からなんとなく疎遠になっていた。独身で仕事一筋のミナコと子育て中の私と、立場が違えば話題も合わず、年賀状だけのやりとりになって数年経ち、同窓会で久しぶりに顔を合わせた。

そのころ、小学2年生の娘のクラスで、女の子のグループの対立で、どちらにも属さない娘が仲間はずれになる状態が続き、心を痛めていた。ついミナコにこのことを話した。

自分も職場で同じような立場にいるというミナコは、「無理してグループに入らずに、いろんな子と話すうちに、グループにいたくない同じような考えの子が出てくるから、それまで普通に過ごしてみたら」と言ってくれた。その後、娘はグループから外れてきた子たちと遊ぶようになり、クラスのグループ争いも解決した。

ミナコとはまた昔のようなつきあいが復活。友だちってつくづくありがたいと思う。大人になると、なかなか友だちはできにくい。昔の友情は大切にしたい。

先輩ママの キッパリ 42の戒め

遠くの友とのつながりは、細く長くずっと大事に

だから効く

仲の良かった友だちと、育児期間に疎遠になるケースは多い。たとえ立場が違って話題が合わなくなりそうでも、できるだけ手紙やメールで途切れないよう努力しよう。

働く友だちから、朝から晩まで時間に追われて仕事をしていると聞けば、朝から晩まで子どもに関わって家事育児をしている自分と同じだなあ、と思える。自分ほど大変な人間はいないと思いがちだが、立場は変われどやっぱりみんな大変なのだ。視点の違う友だちと話をすると、すっかり忘れていた別の世界のことや、新しい発見がいっぱいある。もちろん同じママ同士なら、地域が離れるだけで、安心して本音を話せるし、アドバイスも聞ける。

体質強化のワクチン

次の子を生む

エイスケ君のママは、一方的にわが家に来たがるが、呼んでくれたことは一度もない。今日も「うちは汚くてとても人を呼べないのよ」と言われたが、きれいでもないわが家に人を呼んでいる私はマヌケなのかと思ってしまう。夫の帰りが遅く、生活が切り替わらないから、午前中言われたことをず～っと夜まで考えている。買い物に行く気力もなく、テレビをつけっぱなしにして子どものお守りをさせている、こんな生活でいいんだろうか。

なんで毎日ウジウジしているんだろう。エイスケ君のママが嫌みを言ったとか、ユキちゃんのママが目を合わせてくれなかったとか、ひとり心の中で堂々めぐりをしているだけなのだ。そんなとき、公園友だちのトモヒロ君のママのことを思い出した。彼女は、明るいジョークでその場を和ませるテキパキママ。「2人目が生まれると髪が洗えないほど忙しくて、余計なことを考える暇がないの」と言ってたっけ。なんとなく3年ぐらいはあけようと思っていたけど、そろそろ次の子を考えてみようかな。

先輩ママの42の戒め《キッパリ》

トラブルは、子どもの数に反比例する

だから効く

子育てネットのアンケートでは、子どもやママをめぐるトラブルの数は、子どもの数に反比例するという結果だった。子どもの数が増えるのに、トラブルは減るというのだ。

言うまでもなく、子どもを育てるって大変なことだ。家族の（特にママの）体力や気力が不可欠なのはもちろん、お金もかかるし、家だって今より広いほうがいいかも。欲しいのにできない人もいる。子どもを持つということは、それぞれの家庭の考えで決めることで、正解はない。でも、時間がたっぷりあると、ついつい些《さ》細《さい》なことも大げさに考えてしまう。だったら、もうひとり生んでみようよ。忙しくても、こんなに充実している時間は他にないもの。

体質強化のワクチン

まだまだある極意

子育てネットの
膨大なアンケートより、
先輩ママたちが汗と涙で会得した、
ママと子どもへの
おつきあいの極意を抽出しました。
ご一読あれ。

ママに対して

●先に情報が耳に入っても、先入観で人を見ない。自然に接して自分の判断を大切に。

●同じ内容でも伝え方は大切。友だちでも遠慮なくズケズケ言ってはダメ。「気持ちはわかるけど○○○○」と相手の意向をくみながら話す。

●自慢話系はしないのが鉄則。

●他人の悪口に同意を求められたら、「へえ」程度の相づちは打っても、「そうね」などといかにも同調することは言わない。

●いろんな人がいるもんだ、と初めから思っているととてもラク。

●自分とはまったく価値観が違っても、自分には持てない良い面もあったりするので、「この人、なかなかアッパレ」と思える心の余裕と、なんでも楽しんじゃうユーモアセンスを持とう。

●核家族が多いので、子どもの預け合いはしょうがないが、安易な気持ちではしない。子ども＝命と肝に銘じて預かる、預けるようにしている。

●ひとり目のママへは、ふたり目以上のママとは受け取り方が違うことを念頭において、きちんと謝る、詳しく説明するなど、気をつける。

●子どものことになると親はスゴイから、ママ同士では本音は言わない。ちょっとイヤな子にも、つとめて「かわいいね」と言って、その子を嫌いにならないように努力する。

●“適当に一緒にいるだけの人”と“本当に大切だと思う人”を心の中で分けておこう。

●特定のひとりやグループにこだわらない。そこだけじゃない、他にもある。自分を信じて自分らしく生きよう！ それでもだめなら、かわいそうな人と思って開き直ることも必要かも。

先輩ママの
キッパリ
42の戒め

先輩ママのアドバイス、使えるものはドシドシ使おう

子どもに対して

●困った友だちには、近寄らない・遊ばない・かかわらない! これにつきる。でもわが子がその子と遊びたがる場合は、いち早くわが家に呼んで自分になつかせて、私の支配下におく。子どもにだって意志はあるから、頭ごなしに「あの子と遊んじゃだめ」と言っても納得できないはず。

●「誰《だれ》にでもやさしくて、仲良く遊べて、みんなに好かれる子になってほしい」と親は思うけど、そんな子はいるはずがない。全員と仲良くならなくても、気の合う子をひとりでも見つけられればいいな……と思ってから気が楽になった。

●自分の家のルールを守らせることは大切だが、たまには大目にみて他の子に合わせてあげることもあっていい。

●自分の子も、その友だちもよいところはほめる。Aちゃんは泣き虫だけど優しいよね。B君はやんちゃだけど友だちをまとめられるよね、と。

●できるなら、周囲の親子の手助けをしてあげよう。遅れるママの代わりに子どものお迎えをしてあげるとか、休日に友だちもいっしょに遊びに連れていくとか。そうすれば、助け合いの輪が広がっていい。わが子にもそんな親の姿を見せられれば人の役にたてる喜びが伝えられる。

●親は子どもの話をさえぎらずに聞く→どうすればいいか一緒に考える→具体的なアドバイス(「今度こう言われたら、こう言ってみよう」「明日会ったらこうしてみよう」)をする→子どもが言ってこない限り子ども同士で解決させる……とはいっても、子どもが小さいときは、相手の子に親が一言言うだけですんなり解決することもある。問題が大きいときには必ず先生を通そう。

子育てネットの総力アンケート

トラブルあっても、子育てにこそ感動あり！

今まで読んでいただいて、
トラブル満載の子育てってどうなの？
とお疲れの皆さま。
いえいえ、トラブルなんかなんのその。
今まで子育てしたからこそ、この喜びがある、という体験を集めました。
ぜひ読んで明日への活力にしてください。

幼稚園の運動会で。クラス対抗で背の順で全員走るリレーで、欠席の子がいて、一番背の低い長男がアンカーで再度走ることになった。隣のクラスは一番背の高い足の速い子で、どう見ても勝ち目がない。案の定リードしていたのに、アッという間に負けてしまった。「おまえのせいで負けた」と言われないかと心配したが、「2回も走ってすごいね」と友だちが口々に言ってくれた。ママたちも「幼稚園の運動会は勝ち負けは気にならないんだから、ママも気にしないで」と言ってくれたのが、すごくうれしかった。

長女が幼稚園のとき、体育館に同じ幼稚園の子どもが12人ぐらい集まっていた。バラバラに遊んでいたが、ひとりの男の子が「鬼ごっこするものこの指とまれ」と指を高く上げた。次の瞬間、その子の指を中心にそこにいた全ての仲間の輪ができあがり、合図でワーッと散っていった。ふだん仲の良い子も良くない子も、引っ込み思案の子も、顔を真っ赤にして……。子どもたちのあんなに生き生きとした顔を初めて見た。親が介入する余地はまったくなし。いつの間にか子どもだけでこんな遊びができるようになったなんて、あの光景は一生忘れないだろう。

幼稚園のときに娘とケンカばかりしていたお友だちが小学校も同じになった。どうなることかと心配したが、娘が他の友だちに悪く言われたときに「アキちゃんは本当はすごく優しいんだよ。小さいときから知ってるんだから」とかばってくれたらしい。今では互いに「幼なじみ」と言い合っている。

『みんながユウちゃんのことを嫌うからって私まで無視したら、ユウちゃんがひとりになっちゃうから、話してあげるの』と言ったわが子。すごい！　私の子じゃないみたい！

下の子が1歳になるかならないころ、交通事故に遭った。1カ月の入院を余儀なくされ、上の子が幼稚園に入ってまだ間もないころだったので、家族の協力はもとより、幼稚園のママたちが手助けをしてくれたのだが、何が感動したって10人ぐらいのママたちが交代でさりげなくやってくれたことだ。料理が得意で遠足のお弁当を担当してくれたママ、通る道だからと園まで送ってくれたママ、月曜と金曜なら迎えに行ってそのまま見ているよと言ってくれたママ。みんなが分担してくれたおかげで、楽に甘えることができた。期間も長く、精神的にも苦しかった私にとって、みんなのサッパリとした（私に気を遣わせまいとする）気持ちがありがたかった。今でもみんなとは仲良しだし、彼女たちが困ったときはどんなことでもして恩返ししたい！　と思う。

サッカーの試合で、いつもキーパーをやっている子がもう嫌だと言い出した。みんな走ってシュートしたい子たちだから、その気持ちは良くわかる。子どもたちとコーチとで相談したがなかなか決まらず、結局じゃんけんということになった。結果、一番サッカーが上手なA君に決まった。みんなの中にさあどうしよう、という空気が流れたとき、B君が「Aがキーパーするくらいならボクがする」と名乗り出た。すると、時々キーパーをやっていたC君が「それならボクがする」と言ってくれた。一部始終を見ていた私は、思わず涙があふれた。わずか小学2年生でも、仲間の中での自分の力や位置関係をしっかり理解していて、友だちを思いやる気持ちを持っているんだね。ケンカしつつも、こんなに成長している子どもたちに感動した。

なんとなく観察していると、いつもみんなのあとからついていくタイプのわが子が、苦労しながらも、自分の好きな子たちのグループに入れてもらおうとしている。この子もがんばっているんだなと思った。

子育てネットの総力アンケート

トラブルあっても、子育てに心に残る一言あり!

有名なお医者様が言ったわけではない、
教育評論家の大先生が
言ったわけではない、
でも、疲れたり迷ったりしていた
ママたちを勇気づけてくれた
宝石のように輝く言葉があるんです。
大事にしまっていた言葉を
みなさまにもお分けします。

『うちの子はミキちゃんが本当に大好きなの』

ふだんから仲良しのお友だちのママから言われ、とてもうれしかった。

『別に嫌われてもいいや……と思えば気が楽になるよ』

あちこちに合わせようとするから、ストレスがたまると先輩に言われた。

『子どもには、生まれ持った生きる力がある』

わが子は保護するもの、弱いもの、と勝手に思い込んでいた私に、子ども自身にも人としての力があることを教えてくれた保健師さんの言葉。

『ごめんねって心から言えるってすごいことですよね』

そう、本当にそうなのだ。子どもには要求するくせに、私は家族にも子どもにも言えているだろうか、と考えさせられた小1の担任の先生の言葉。

『一見マイナスと思える事の裏には、必ずプラスの事があるから、今は大変でも、乗り越えられるよ。私でよければ、いつでも話を聞くよ』

子どもの事で悩みを抱えていたとき、友人が言ってくれた一言。子育ての中では、たいへんな事も度々起こるが、その裏にはきっと、子どもや親を成長させる何かがある。後になって判るのだが……。

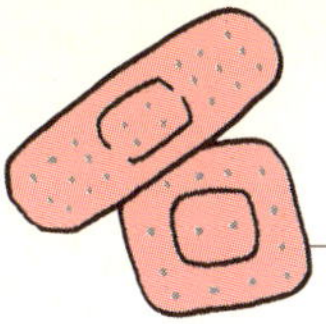

『シンちゃんが学校をお休みすると、私は疲れます。クラスの中でみんなの言い分を聞いたり、進んで何かをゆずってくれたり、友だちがどうしてほしいかを察知してくれる。それでシンちゃんが我慢していたら申し訳ないけど、友だち思いのシンちゃんが大好きです』

担任の先生から言われた言葉。

『子どもの叱り方が上手だね』『今の接し方は見習いたいなあ』

自分の子育てになかなか自信が持てなかったとき、友人からこう言われてとてもうれしかった。

『大丈夫ですよ！　子どもってたくましいものですから』

入園からずっと仲良く遊んでいた子が、外国に引っ越してしまった。抱っこをせがみ、タオルしゃぶりも始まり心配していたとき、担任の先生から力強い一言が。本当に1カ月ぐらいしたらみんなとなじんで表情も明るくなってきて、「保育園大好き」というまでに。子どもはたくましい！

『うちもそうだったよ。そういう時期ってあるよ』

自分の子どもが、友だちや友だちのママにくってかかったり、泣きわめいて聞き分けがなくて、ほとほと困っていた時。「ウチもそうだったよ」という言葉は、「私だけじゃないんだ」と思えて気が楽になる、ありがたい言葉。

『親だって人間、失敗することもある。でも子どもってどんなに怒られても、お母さんのことが大好きだよね』

自分の思い通りにならない子どもを怒りすぎて自信をなくしていたときに言われ、そのとき子どもの顔を見たら、笑顔で私のことを見ていて、本当にいとおしく感じた。

『友だちはひとりじゃないよ！親も子どももね』『園の中だけが世界じゃないよ！』

別々の人に言われたのだけど心にしみた。その頃はその世界、その友だちがすべてだったので。今がすべてではない！　と言われて、我に返ったように気が軽くなった。そして今まで悩んでいたことがバカらしくなった。

子育てネット　あとがき

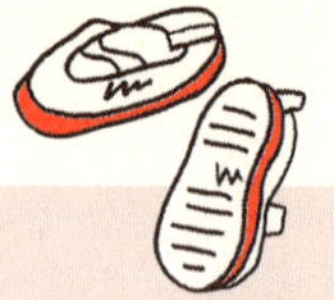

大丈夫!!　いるいる、私と同じ気持ち、悩みの人。読めば楽しいルンルン子育て。きっと笑顔になれるョ！　ガンバッテ！　（安藤清美）

時には頑張らない・考えないことも必要、と気づいて以来、すっかりズボラ人間に。最近は子どもまで…、悩みはつきません。（井上めぐみ）

子育ては、ムキになるなと自分に言い聞かせても絶対無理！　だったら燃え尽きるまでがんばろうと思うとクールダウンするんだな。（石橋真純）

過去の経験を通して現在の自分があるように、子どもたちもこの先いろんな経験をして自己を確立する。覚悟を決めて見守ろう。（岡　美保）

泣いた、怒った、笑った！　あの時は必死だったけれど、今思えばなつかしい。少しはたくましくなれたかな。皆、頑張ってね！（小川智子）

「挨拶《あいさつ》は？」「お友だちを呼び捨てにしない！」と息子の友だちに説教をする姑。ちょっと…と思うがこれが大人のとるべき姿かも…。（金子由美）

長女が高学年になり、友人関係が複雑になってきたようす。いろんな問題を乗り越えて、成長していってほしいです。（河田多恵子）

長男と長女が小学生に、次女が年中になった。振り返ってみると、本当にアッと言う間に育ててきた。母もその分成長したかも。（橘髙ルイーズ）

いろんな親子と出会うと、ひとりひとりみ〜んな違うってことを実感する。私と夫も正反対、長男と長女も正反対。おもしろいよね。（国沢真弓）

この本は子育てネットメンバーの経験と涙と知恵と言葉をギュ〜ッとしぼって作りました。ご協力いただいた皆さまに心より感謝です。おつかれ！（小阪美佐子）

あの頃ほど、自分や子どもの性格について真剣に考えた時期はないかも。「親」になるための「自分探し」の一歩だったかな…。（嶋田ヒデコ）

集まった体験談を読みながらたくさん笑いました。そしてみ〜んな悩んでいたのだな、と納得。平和な子育てってないものなのですね。（高橋由美）

子どもの年齢と、親の子育て年齢は同い年。そりゃ、いろいろあるよね。最近、わが家は娘のほうがシッカリしてて、頭が上がりません。（伊達佳恵）

「多くの妥協」は自らに寛大な心をはぐくみ、我が子におおらかなる自主自立の精神を培った…か

あとがき

な？　生涯、親バカでいくつもり☆　（法月英里）

〝来る者拒まず去る者追わず〟自分が自分らしくいられるように、がんばりすぎずがんばりましょう！　私もまだまだ日々奮闘中。　（橋本恵美）

ママ友だちとの付き合いに泣いた日もあったけど、悩みや喜びを分かち合う、私の子育てに欠かせない存在であるのも事実です。　（原田博海）

本当はイヤなのに、イヤと言えないでいる息子。幼い頃の自分を見ているようだ。なんでこんなところばかり似るんだろう。　（藤田一恵）

子育て中はトラブルも多いけど、いろいろな人と出会えるチャンス!!　この本を読んで悩みを解決し、子育てを楽しみましょう。　（堀　容子）

子育てするといろんな事に気づく。出会う。良い自分、嫌な自分。今まで逃げてきた分、立ち向かわなくては?!　想いは皆一緒！　（真下栄美子）

いつでも、どんな時でもわが子を信じよう。何もしてあげられないけど、私は君の応援団長！　ず〜っと見守っているからね！　（松野誓子）

育児はまあいいか！　と妥協の精神のほうが子どもと楽しく過ごせるようです。でもこれって、単に私がズボラなだけかしら!?　残念！（水石裕子）

共働きの我が家にとって、子どもの友だちとその家族はかけがえのないものです。友だちから見ても大切な人のひとりになりたいな。　（宮本里香）

笑顔で挨拶。これが一番大事。許して忘れる。これも結構いいよ。呑《の》んでスッキリ。これは私の場合。再び失敗。これが人生なのよね〜！　（宗像陽子）

3歳の娘と私にとって、これから経験することがたくさんつまった本。良い事も辛《つら》い(？)事もすべてが先生。ありがとう。　（吉田博江）

◆イラスト
「あるある……」。イラストを描きながらうなずきました。私も通ってきた世界です。子育てまっただ中のお母さんたち、がんばれ!!　（小峯聡子）

◆デザイン
子どもがいると、逃げられないことがたくさんあるんだなあ。でも、だからお母さんは、あんなに強くておおらかなんですね。　（永瀬美奈子）

■著者紹介
子育てネット

子育てネットは、「私たちも何かできるはず」「私たちだからこそできることがある」と、平成元年に５人の女性によって結成されました。それぞれのメンバーが経験やホンネ、生活者としての視点を活かす「プロジェクトチーム」として、雑誌や単行本の出版活動などを行っています。そのテーマは「子育て」だけでなく、「教育問題」や「暮らし」「自分育て」などさまざまです。本書の制作には24人が参加しました。単行本としては『お母さん次第でぐんぐん伸びる！　長男の育て方』（メイツ出版）、『男の子のなぞ！』『発達障がい児の子育て－ママたちが見つけた大切なこと－』（大和書房）、『３歳までの子育ての裏ワザ』（PHP研究所）等、多数あります。

●子育てネット連絡先
〒107-0062　港区南青山2-18-20　コンパウンド203
（株）メルプランニング内
TEL 03-3470-1053　FAX 03-3470-1083
http://www.meru-p.com

＊本書は、ＰＨＰ研究所より発行された『こんな時どうする？　子どもの友だち・親同士』を改題し、新装版として発行したものです。

先輩ママのアドバイス！
［新装版］こんな時どうする？
「子どもの友だち」「ママ友」づきあい
困ったとき、わたしはこうして解決した！

2013年4月17日　第1版第1刷発行

著　者　子育てネット
発行者　安藤　卓
発行所　株式会社PHP研究所
京都本部　〒601－8411　京都市南区西九条北ノ内町11
（内容に関するお問い合わせは）教育出版部　TEL 075-681-8732
（購入に関するお問い合わせは）普及グループ　TEL 075-681-8818

印刷所　図書印刷株式会社

ISBN978-4-569-80796-6